漢字與文物的故事

返來長安過一天

許進雄——著

序

壹・陶俑與明器——妙手天成，匠心獨運——014

貳．漆器與瓷器——精緻細膩，釉彩輝煌——106

（序）
中華文物的初學津梁

在同儕之中，許進雄的學術成就是我最佩服的。他的甲骨研究和著作，於安陽博物苑甲骨展覽廳被評為世界對甲骨學最有貢獻的二十五名學者之一；他的《中國古代社會：文字與人類學的透視》，從文字與人類學加以透視，堪稱別開生面的經典名著。因為他有機緣在加拿大皇家安大略博物館和多倫多大學沉潛三十年，博覽群籍，摩挲文物，從而厚積學識、廣開眼界，以不惑之年，即蜚聲國際。

進雄的性情，也被同儕評為天下最老實的人。他雖然愛說笑話，博君一粲；但襟抱磊落、表裡如一，言必有信。他放棄加拿大高薪穩定的工作，「回母系貢獻」，也因此留下臺大中文系新聘教員「全數通過」的紀錄。他在臺大，用心用力的培養甲骨學新秀，希望這一門「望重士林」的學問，能夠在中文系薪火相傳。在他心目中，也果然已有傳人，可惜始終未能扎根母校。如果說進雄返國多年，有什麼遺憾的話，應當只有這件事。

有天世新大學牟宗燦校長向洪國樑主任跟我徵詢，能使世新中文系加強陣容和向上提升的人才，牟校長當即同意禮聘進雄。我很高興數十年莫逆之交的弟兄，又能一起為世新盡心盡力。而青山綠水、清風明月，杯酒歡笑，亦復能洋溢於白髮蕭疏之中。

進雄將由臺灣商務印書館出版一套四冊的《漢字與文物的故事》，那是他在臺大和世新的授課講義，以文物作為單元，逐篇撰就，篇篇深入淺出，可以看出進雄學養的扎實，而機趣亦自然流露其間。我認為此書不止可作為喜愛中華文物的初學津梁，其精要的見解同樣可供學者參考。

能出一本書是讀書作學問的人的一大愉悅，在為進雄感到高興之餘，也寫出我對他治學為人的一些認知。因為就讀者而言，「讀其書，不知其為人可乎！」

曾永義

（自序）因緣際會說甲骨

一九六〇年我進到臺灣大學中文系，因緣際會開始研讀甲骨學，到了研究所畢業的時候，我的甲骨學知識已能自行研究，獨當一面了。一九六八年，承蒙中央研究院歷史語言研究所的李濟博士與業師屈萬里教授共同推薦我去加拿大安大略省多倫多市的皇家安大略博物館，整理明義士博士收藏的大批甲骨文字。我從未想到會因此因緣而深涉中國古文物以及中國考古學的知識。

皇家安大略博物館原來是多倫多大學附屬的機構，兼有教學與展示的功能，一九六八年因擴充編制而脫離大學成為獨立的省屬機構。館藏的文物包括人類所有地區的文明以及科學各領域的資訊。其中以遠東部的中國文物最為有名，號稱是中國地區以外最豐富的十大收藏之一，很多藏品獨一無二，連中國都難得見到。

我在臺灣所受的專業訓練是有關中國學問的，既然身在以收藏中國文物著稱的單位服務，自然會變成同事們諮詢的重要對象。為了因應工作的需要，我只得擴充自己求知的領域，除了加強對中國思想、文學、語言等學科原有的訓練外，也自修考古、藝術、民俗、天文、產業等各方面的知識，以應付博物館的多樣化展覽主題，因此也就不自主地開始深入了解中國文物的必要知識。

在多倫多，我本有博物館與多倫多大學的穩定工作。但受到學長曾永義教授「回母系貢獻」的一再敦促，一九九六年應臺灣大學中文系之聘，回國來講授中國古代社會、甲骨學、文字學等課程，當時尚未有開設相關中國文物課程的構想。在一次餐會中，認識了世新大學通識課程的主任趙慶河教授，他談及想增加中國文物知識的普及化教學課程，我告以自己曾經在博物館工作，具有二十幾年參與中國文物的收藏與展覽的經驗，在加拿大的洋人社會裡也長期從事推廣中國文化的活動。他就問我是否可以考慮去世新大學開一門有關中國文物的通識課程，我答以何樂而不為。當時以為只是客套的交談，並未作教學的進一步打算。誰知開學前不久，突然接到電話，說通識課程已經排定了，請我準備上課。在匆促之間，就決定以我與同事們為介紹館藏重要文物所編寫的書，《禮敬天地，皇家安大略博物館的中國寶藏》"Homeage to

Heaven，Homeage to Earth – Chinese Treasures of the Royal Ontario Museum"（多倫多：多倫多大學出版部，一九九二年）作為講課的主要教材，輔以其他機構的典藏品。如此一邊教學一邊編寫教材，一年之後，初步的教材就緒，我也就把中國文物概說的課帶到臺灣大學去。

皇家安大略博物館的展示以主題為主，每個展覽的籌劃都像寫一篇論文。不但展示的整體內容有起承轉合的結構，個別文物的說明，除必要的名稱、功能、質材、年代、製造、裝飾等資訊外，還特別重視文物背後所隱含的生活與社會意義，希望觀眾於參觀後，能對展示的主題有明確的認識，而不是只瀏覽展品美麗的外觀而已。在長期受這種以教育觀眾為展覽目標的主導原則的影響下，我對於文物的認識常著重其製造時的社會背景，所以講課時，也經常借重我所專長的中國文字學、中國古代社會學，作綜合性的詮釋與引申。譬如：在介紹紅山文化的玉豬龍時，就借甲骨文的肙字談佩帶玉珮以驅避蚊子的可能；介紹大汶口的象牙梳子時，就借用甲骨文的姬字談髮飾與貴族身分的關係；教到東周的蓮瓣蓋青銅酒壺時，就談蓋子的濾酒特殊設計；介紹唐代的彩繪釉陶婦女騎俑，就談婦女生活解放與自主性的問題；對半坡文化的小口尖底紅陶瓶，就談中外以陶器運輸水酒的慣習；對唐代墓葬的伏羲與女媧絹畫，就談中國的鹿皮與結婚禮俗，以及古代臺灣原住民與漢族的關係。借金代觀世音菩薩彩繪木雕介紹觀音菩薩的傳說與信仰；借宋代太和銘雙龍紐鎛鐘談宋代慕古風氣與金人洗劫汴京的史實；利用刻紋木陶拍介紹陶器燒造的科學知識等等。

大部分同學對於這種涉及多學門、整合式的新鮮教學法感到興趣。有位在某出版社就職的同學找我談，說她們的總編輯對我講課的內容也有興趣，有意請我將講課的內容寫出來出版。在與總編輯面談後，初步決定撰寫一百四十篇，每篇約一千一百字，以一件文物為中心，選取新石器至清代各種不同類型的文物，依教課的模式與精神，談論各種相關的問題。至於書名，因博物館的展覽經常提供導覽服務，導覽員會對較重要的展品作詳細的解說，並申論個人的意見，這與本書撰寫的性質和目的非常類似，所以就把書名訂為《中華古文物導覽》。每篇文章都是獨立的單元，讀者可以隨意瀏覽，不必從頭讀起。

面談後我就興致勃勃的開始選件與寫作，誰知到了任務快完成時，因版權費的原因，我不簽合約，寫作的興致也就此打消，於寫完一百三十一篇後就輟筆不寫了。之後曾把部份文章改寫為六百字的專欄刊在國語日報上，但登了四十幾期亦中止了。後來國家出版社的林社長向我徵求甲骨學方面的稿件，我一時沒有甲骨學的著作，就想何不補足文物導覽的稿件交給該社出版。承林社長不棄，付梓問世了。

《中華古文物導覽》出版後，我接到大陸朗朗書社的電話，說這本書的寫作方式非常新穎，打算介紹給中國的讀者，問能不能授權給他們簡體字版的版權。我就請他跟國家出版社直接洽談。於取得簡體字的版權後，央求我多寫十篇。我也答應地寫了。出版時改名為《文物小講》。

《中華古文物導覽》出版後，我發現市面上不太容易找到這本書，但《文物小講》銷售卻不錯，再度簽了五年的合約。顯然並不是內容有問題賣不出去，而是銷售的方法不合適。我於是找臺灣商務印書館談，把國家出版社這本書的版權買下來，而我大幅擴增內容，預定完成全新的版本共四冊，並把教課的講義作適度的刪改，使其適合大眾閱讀。很高興洽談成功，把版權移轉到臺灣商務印書館。現在出版在即，把原委稍為說明如上。最後還希望學界先進，賜教是幸！

許進雄

民國一〇七年五月九日於新北市新店區

匠心獨運

壹、陶俑與明器——妙手天成，匠心獨運

漢至唐的陶俑

(一)領導軍隊，保護秦始皇的強大將領

(二)輕裝上陣，卻令人聞風喪膽的秦朝士兵

(三)如何從俑的髮型判斷性別？

(四)具備戰略價值的馬

(五)風行漢朝的穿搭時尚

(六)玩遊戲玩到廢寢忘食，可不是現代人的專利

(七)甲骨文「化」字與雜戲表演的關聯

(八)四川富庶及注重藝術的證明

(九)畫像石中隱藏的祕密

(十)建造高樓的意義，與甲骨文「樓」字的構成

(十一)來源於私有財產制的陪葬信仰

(十二)古代最安穩的代步工具：牛車

(十三)什麼時候才出現大量製作陶俑的技術？

(十四)風靡上流社會的馬球遊戲

(十五)甲骨文的「安」，隱藏著對女性的限制？

(十六)大有來頭的御賜寶馬

(十七)甲骨文中有關居家休閒設計的字

漢至唐的陶俑

俑的本來意義是人形的陪葬品，後來被擴充以概括墓葬所出土，尤其是替代實用品的陪葬用具。陪葬的器物古時一般稱為明器，可能是避冥字的構詞。以日用品及死者生前喜愛的物品陪葬，無非是相信死後有神靈，渴望進入另一個世界後能繼續享用生前的財富和威望。所以家人會竭盡所能滿足死者的希望，免得死者神靈會因失望而前來騷擾生者。到了階級確立的時代，隨葬品也附帶著炫耀財富與地位的作用，因此更加不惜花費製作。

遠古的人們以採集漁獵為生，身無常居。除了隨身工具、武器以及裝飾物外，沒有太多的財物。那時連有沒有正式的埋葬都值得懷疑，自不會有要陪葬東西好在死亡以後享用的想法。就算演進到氏族的社會，過著團體的生活，初期也沒有產權的概念，東西由大家共有公用。除了個人專用的生活器具，因為被認為沾染了使用者的精靈或魔力，別人不得再使用，才以陪葬的方法毀棄之外，沒有人能隨意處置公有的器物。到了人們有產權的觀念，可以隨意處置自己的東西時，才可能有陪葬的意識。距今六千年前仰韶文化的豐富墓葬，可能就有這種意識。或甚至要遲至有階級差別的社會，有以妻妾或奴僕殉葬的情形，才可確定是有了要帶去神靈世界使用的信仰。

初始的陪葬物是實用器具。後來為了節省費用，才有象徵意味的明器出現。明器製作，主要是模仿禮器、日用器皿、工具、家畜、人物等形象，使用較便宜的材料或縮小尺寸以節省費用。質料以木、陶最為常見，還有使用瓷、石、金屬、紙、竹、草等材質的。《禮記・檀弓》「其曰明器，神明之也。塗車芻靈，自古有之，明器之道也。」新石器時代明器已有出現，到了商周時代日益普遍，秦漢更為流行，秦兵馬俑甚為著名。

明器的製作遍及各種材料，以省錢為主要目的，使用最多的是陶與木。木料容易雕刻繪畫細長的人身，因此製造出的數量一定不少。但木材為容易腐化的東西，除了南國的楚地，因地理因素略有出土以外，少見於其他地區的墓葬。陶製明器初以模仿銅製的器物為主，漢代陶器燒造的技術已大有改進，物美價廉，幾乎成為明器的唯一材料。到了紙張便宜時，恐怕家道不富裕的，很多就改為紙糊的了。魏晉時代已有紙製冥錢，大概也會應用於隨葬器物。

戰國開始出現陶製明器，漢代盛行，有官署東園匠專司理其事，管理以及供應有官職者的明器。家常用具、食具、牲畜、爐灶、屋舍、田地、倉庫、畜圈、井架、杵臼、奴僕、雜戲、舞姬等一類的模型，大概都可以隨個人的財力任意購置。如果是車輿、馬騎、武士、塔樓等代表階級的東西，恐怕要具有一定身分的家庭才可以放入墓葬。

陶製明器的盛期在漢代至唐代。漢代大概因為太平之世，屬於軍卒儀仗的明器不多。南北朝時代北方社會動亂，武人支配政治。武人喜好炫武，重視儀仗軍容，所以披甲執盾的武士，高冠寬袍的文吏等形象特別多。到了唐代，明器之制更為嚴格，不但種類，連陪葬的數量也有規定。製作也非常講究，一變漢代以來的素胎或單彩釉陶，常在一件器物上施用黃、綠、褐、藍等斑爛多彩的不同色釉，即為唐三彩。此期不但製作的種類多，也出現許多表現社會活動的新形象，而且雕塑非常生動，帶有藝術創作的味道。如以駱駝一項為例，有昂首吐舌高嘶，跪坐休息，佇立待發等各種傳神的神態，其背上所馱的貨物，更是形形色色不能備舉。再加上乘坐胡人商賈的形狀，真是變化多端，比美雕塑的佳作。

北朝及唐代多馬騎或徒步兵士、儀仗、官吏、仕女、駱駝、馬匹，比較少日用器。宋以後不再流行，明代雖然恢復盛況。但形制刻板，遠不如唐代的姿態萬千。

第章

秦始皇的強大將領：領導軍隊，保護

一九七四年，在陝西臨潼發現秦始皇兵馬俑遺址的消息震驚了全世界。成千上萬比真人還高，姿態各異，服裝和表情都不同，非常寫實的陶塑像出土，井井有條地排列在坑道中，組成了一支雄武的軍隊陣容，驚服了絡繹不絕的參觀者，被譽為世界第八奇蹟，至今仍在發掘第四號坑。

這些寫實的塑像讓我們對秦代的衣冠形制有了確實的依據，可以印證文獻的記載。圖1-1這件陶俑，直接把冠帽扣蓋在髮髻之上，以冠纓通過耳側而向下捆縛於頷，末端並呈八字分開，飄拂於頸下。袍內穿長至膝蓋的內衣，外罩以稍短的戰袍，再加上護肩及鎧甲。鎧甲的材

將軍俑
堅毅沉著地位崇高

圖 1-1
彩繪灰陶將軍俑，高 197 公分，兵馬俑二號坑，現藏陝西省秦始皇兵馬俑博物館。秦，西元前 221～206 年。

料，上半看似使用硬革裁成，綴甲的部分則可能是以鋼鐵打造，戰國時代已有好幾套鋼鐵甲胄的出土。雙肩及胸前結紮彩帶。小腿穿著護腿，腳穿方口翹頭的鞋子。雙手交叉放置在腹前，像是按著一把長劍的樣子。坑內曾出土長達九一・五公分的青銅扁莖劍，這樣長的銅劍不便使用於對戰，乃是將軍用來指揮軍隊的用具，亦可作為地位的表徵。此人方臉、寬額、厚唇、留有八字鬍子，神情看起來堅毅沉著，頗有久經沙場，嚴於治軍的將軍態勢。見證了秦始皇賴以統一六國的強大軍事力量背後的卓越領導系統。

在漢代以前的文物中，我們看不到主人的形象。顯現的人物是雙手被械梏的罪犯、掌燈的奴僕、腳被砍掉的守門者、歡娛主人的樂舞者等等下階層的形象，大大不同於西洋以塑造英雄人物為主題的藝術風格。看來這是兩種不同民族的不同思考方式。這位在戰場上指揮千萬大軍，決斷他人生死的大將軍，在秦代的社會不是屬於高階層的人物嗎？難道秦國人思想和其他六國不一樣，不在乎自己的形象被塑造？其實不是的。將軍雖然在他管轄的範圍裡高高在上，但是在秦皇帝的治下，他也是一位屬下，要為皇帝服務，因此被塑造埋藏在保護秦皇帝的隨葬坑中。如果是這位將軍自己的墳墓，隨葬的將會是成群的騎馬持戈列隊儀仗、服侍的奴僕和數不盡的財寶器物了。

圖 1-1 這件將軍俑出自第二號坑，規模非常大。這個坑的俑也最多樣，有步兵、騎兵以及車兵，表現出聯合編組的大型軍陣模樣。三號坑最小，出土一輛建有華蓋的四馬拉曳車子，有四位高級武士護衛著，但不見指揮的將軍俑。學者認為這就是整個大軍的指揮中心部，其南廂房是議事廳，北廂房為宴飲享祭的所在。乘坐馬車的人就是整個軍陣的主人，大軍的統帥秦始皇帝。依中國的傳統，他的形象是不會出現在隨葬行列中的，他被埋葬在俑坑後面的墳墓中。

第二章

輕裝上陣，卻令人聞風喪膽的秦朝士兵

圖1-2這件陶俑的姿勢很特別，左膝蹲曲，右膝著地，右手下垂，左手的肘停靠在左腿上側，下臂平橫，表現出持拿某種器物的動作。在軍事中，這種姿勢最可能是在表現持拿弩機，所以有人稱呼此件為「弩兵俑」。弩機是弓箭的進一步應用。一般的弓，弦拉滿後就要於短時間內發射出去，否則手會因用力過久而發抖，以致發射不準。弩機則是利用三個銅構件組成扳機，扣住弦使不發動，等待最佳的時機才扣拉扳機發射出去。另外，還可以用雙腳撐住弓體，灌注全身的力在雙手，拉弦扣在扳機上。這樣可以使用更粗大、更有反彈力的弦，射出殺傷力更大的箭。戰國時代曾經出土裝有二十支箭的活動卡匣弩機，一次可射出二箭，並可節省裝箭

隨時備戰的軍士 輕裝士兵

圖 1-2
白衣彩繪灰陶跽射軍士俑，高 122 公分，陝西臨潼秦始皇陵兵馬俑二號坑出土，現藏陝西省秦始皇兵馬俑博物館。秦，西元前 221～206 年。

時間，只需專注於拉弦扣扳機，有如現代的半自動步槍。

這位軍士的髮型在兵馬俑中屬於最常見的形式，乃先將頭髮自中間分開，然後各掠向兩耳與兩鬢的長髮結合，再編成辮子，最後盤結於頭的左上側，用朱紅帶子把髮髻束紮住。從衣服下擺多層的樣子，可推測穿的內衣與前章的將軍俑一樣，是厚重溫暖、長至膝蓋的長袍，外罩稍短的戰袍，最後套上用甲片綴縫的肩甲與鎧甲。最近在秦始皇陵中發現由六百一十二片組成，重達十八公斤，同實物大小的石甲明器，和這個俑所穿的一模一樣，應該就是當時的標準裝備。這件俑腳上穿方口翹尖齊頭的鞋子，和將軍俑稍有不同。

圖 1-2 這位軍士，身與頭向左傾斜，兩眼平視，薄唇緊閉著，一副備戰的樣子。古時射箭的士兵，戰鬥時分立與跪兩列，相互發射，保持持續不斷的掩護攻擊。從塑像上看不出他帶有防身武器的樣子，但在遺址現場還發現銅鏃與銅劍，說明他在必要的時候也可以從事近身的搏鬥。戰鬥的武士一般戴頭盔以保護頭部，尤其是位高望重的指揮官。**甲骨文的「卒」字：**[illegible]，作很多甲片聯綴起來的衣服的樣子。卒字在西周以前的意義是穿用甲冑的高級軍官。一旦產業發達，甲冑成為士兵的普遍裝備，卒字的意義就被擴大，以之稱呼士兵。指揮官在部隊後方指揮攻防，不必參與第一線的戰鬥，所以不必穿繁重的裝備。比如秦兵馬俑坑出土的將軍俑只穿

少量的裝身甲，不戴頭盔。

但是秦軍隊最讓敵人聞風喪膽的，卻是那些一反常態，不戴頭盔的「科頭」武士，他們輕足善走，奮不顧身，常乘人之不備，攻敵意外，建立了很多戰功。兵馬俑坑出土的徒步兵俑，除了少數穿有盔甲，大都是沒有任何的裝甲。張儀曾威嚇韓國說：「秦帶甲百餘萬，車千乘，騎萬匹，虎鷙之士，跿跔科頭，貫頤奮戰者，至不可勝計也。」指的就是這一類的勇士。

卒 zú ＝ 卒

很多甲片聯綴起來的衣服的樣子。

第三章

如何從俑的髮型判斷性別？

商代的大墓，偶爾也有人形的雕塑，如加上手梏的奴僕陶塑，裸體或盛裝的玉雕人像等，它們到底是死者喜愛的藝術品，或是打算帶去來世服務的侍從，難以肯定。但是像圖 1-3 這一件，從出土地點與衣著的式樣推論，肯定是帶去來世服務的奴傭俑了。

圖 1-3 這個跽（ㄐㄧˋ）坐俑梳髮成為髻而垂於腦後，裡面穿著厚內衣又罩了一件輕薄的交襟長袍，雙手半握拳置於腿上，雙膝跪坐。此人表情嚴肅，頭略為前傾，眼睛微張而垂視，嘴唇緊閉，面目清秀，留有髫鬚的墨跡（也許是種誤會），是一位年輕人的塑像。從此人拘謹的形態以及表情，想見其身分是宮中的奴僕，還帶有誠惶誠恐的心情。

宛如真人
宮庭奴僕的塑像

圖 1-3
彩繪灰陶跽坐俑，高65公分，陝西臨潼秦始皇陵陪葬坑，現藏陝西歷史博物館。秦代，西元前221～206年。

圖 1-4
圖 1-3 前視像。

圖 1-5

舞隊陶俑，高 5 公分，山西長治出土。戰國，西元前 403～221 年，山西省博物館藏。製作樸拙，各有姿態。

與圖 1-3 這件同出的陶器，上有「大廄」、「小廄」的銘文，可以推測這個陪葬坑象徵宮廷的馬廄，而這個塑像是廄中的養馬人。這件陶俑的捏塑技巧高超，刀法細膩，比例勻稱。根據描述，原有鮮豔的彩繪，可惜出土後保存不良，色彩都已剝落，從照片已難看出痕跡。

秦皇陵所出陶塑像的藝術手法都非常的高超，像圖 1-3 這一件就連頭髮都一根一根的清晰刻劃出來，衣服縐紋，甚至指甲，也都一絲不苟據實呈現，讓人感受到了工匠對藝術表現的執著與認真。

圖 1-6
灰陶將軍俑，高 196 公分，兵馬俑 2 號坑。秦，西元前 221～206 年。

圖 1-7
灰陶立射俑，高 186 公分，兵馬俑 2 號坑。秦，西元前 221～206 年。

古代成年人的髮型，男性大都把髮髻盤在頭頂上，而婦女則整把刮束於腦後，後來也有盤到頭頂梳成複雜形式的。這件陶俑要不是有殘留鬍鬚墨跡的描寫，筆者一定把它當作女性看待。近日報告附近出土了同樣髮型的陶俑，兩腳平伸而坐，雙手前伸有所動作的樣子。其姿勢與雲南銅鼓上的織布女工塑像非常相似，很可能是在表現織布工坊裡頭的織工形象。織布是女性的工作，所以筆者還是傾向於認為這件俑是在表現女性。

隨葬物品起初用的是實用器，人殉也不例外。後來為了節省費用才以較小或較為便宜的材料製作。但人是沒有辦法以較便宜的材料製作的，所以西周以來，人殉的數量雖減少了，但沒有替代物。孔子有「始作俑者其無後乎」的言論，但是目前的考古尚不能證實之前的時代有以俑隨葬的習慣。比較可以當作證據的是為數不多的戰國時代楚國木俑。秦始皇大量以真人尺寸的陶塑

圖 1-8

灰陶馬與牽夫俑，俑高 180 公分，馬長 200 公分。秦，西元前 221～206 年。

物隨葬，如果以事物演化的常規去看，應該有其模仿的對象，或許在尺寸縮小的楚國木俑之前，已存在真人尺寸的木俑，只是因為地下條件不易保存，所以沒有見到出土物。

圖 1-9
灰陶，或加塗白土及彩繪的男女侍俑。最高44.4公分。西漢，西元前二世紀。

第四章 具備戰略價值的馬

圖1-10這匹馬俑雖然殘缺，仍然可以感覺到牠矯健善跑的英姿。瘦長的頭、嘴微張、鼻梁高而有稜，特別襯托出其曲折結實的腮幫子。耳朵的部位有兩個小洞，應是插耳朵零件用的，可能是陶、木，或甚至是皮製的。上細下粗的頸子並不顯渾圓肥胖，而是呈現筋骨糾結、肌肉隆起的凸稜狀態，頸背有個溝槽，應是用來插已經遺失的毛質鬃毛。胸部微微隆起，腹部略向外膨，後背稍微隆起。臀部有裝馬尾的孔洞，腹下的腿部留有四個榫孔，所套的腳不知是木製或是陶塑。整體給人的印象是結實健壯，一點也不肥胖。這匹以零件組合的馬設計特殊，其製作方式與一般大量生產的方式可能不同。一般為了翻模的方便，馬鬃和身子不必分開，只有為

汗血寶馬 踏石留跡

圖 1-10
赭衣灰陶馬俑，高 24.3 公分，加拿大皇家安大略博物館藏。西漢，西元前二至一世紀。

了讓馬匹更為逼真，才需要裝上異質料的毛鬃，如此講究的設計較可能是某位貴族訂做的。

這匹馬全身的比例勻稱，是仔細觀察後塑造的結果，和漢代大部分的馬俑只具有形狀，但忽略細部的描寫有非常不同的風格。如果不是全身塗上一層赭色的土，有可能被誤認為唐代風格的作品。這匹馬和一般的中國蒙古馬種不同品種。中國的馬比較矮胖，腮幫子沒有明顯的曲折，這是一匹產自西域的馬。尤其是赭紅的膚色，點明了牠是來自西域的汗血馬。漢武帝曾為臣下進貢的一匹這種野馬寫了首詩，「太一貢兮天馬下，霑赤汗兮沫流赭。騁容與兮跇萬里，今安匹兮龍為友。」這匹汗血馬引發他要取得更多種馬的決心，因此不惜代價兩次派遣軍隊，遠涉不毛的沙漠與山脈，去攻打遠在西域的大宛國。經過了許多的艱難，終於迫使大宛投降而取得一批被形容為「踏石留跡」的神奇汗血馬。這種馬之所以流血色的汗，是因為寄生體內的微生物隨著汗被排出來的緣故。

馬的感覺器官發達，眼大而位高，視野寬闊，記憶力強，方向感也極正確；兼以力氣大又善跑，是非常有用的拉曳牲畜。此外，老馬有認路的本領，在荊莽中常能引人們脫離迷途，雖不一定用於騎戰的目的，仍是重要的軍備。但是馬的性格不羈，很難馴服與控制，在常見的家畜中，是最晚被馴養的。中國傳說在距今四千二百年前的夏禹時代用馬取代牛來拉車，可能是馬被馴養後不久的事。

商代原不以馬作為祭祀的犧牲，後來常被作為國與國間盟誓時的犧牲，可能是因為馬是軍中常備的裝備。馬既然有軍事上的大用途，主政者當然要重視馬的培育工作。從甲骨卜辭，得知商代不但中央政府有馬官，各方國也有各自的馬官，主管馬的培訓工作。而方國是否前來進貢馬匹的記載也多次見於貞卜刻辭。

中國的馬並不善跑，商代的馬車因軸心離地面太高而容易翻覆，貴族乘坐是為了身分的展示。後來盛行騎馬，甚至馬戰，馬種的培育自然成為國家的重要政策，所以從很早開始就向游牧民族索求優良的馬種。如《今本竹書紀年》有西周孝王時西戎來獻馬，夷王時征伐太原之戎而獲得馬千匹的記載。漢景帝在西北邊境大興馬苑達到三十六所，養馬三十萬匹。漢武帝攻打大宛的原因也是基於長久的規劃，不能把漢朝從此經濟走下坡，社會動盪不安的全部責任都算在他的身上。

第五章

風行漢朝的穿搭時尚

圖1-11 這件陶俑看起來頭戴著輕便帽，有寬帶罩住兩耳並束縛在下頷，內穿暖厚的紅領而有紅寬邊長袖的長至膝蓋的內衣，外罩帶紅邊略短的綠色戰袍，外又加上方領黑漆革魚鱗甲，在鎧甲下端腰的部位用帶綁緊。腳穿彩繪的高筒皮鞋。他的頭稍微抬起，兩眼直視前方，左臂下垂而袖管捲起，右臂上舉，食指與大拇指伸直。出土時，他排在整個軍陣的最前列，所以認為其上舉的右臂是在作指揮的動作，給幾千名即將前進的軍隊作下一個動作的指令，因此給了這個陶俑「指揮俑」的稱號。他在一軍中的領導地位，幫助我們感受到他臉上所表現出的堅毅果敢氣息。洗練的造型和栩栩如生的神態深深感動了兩千多年後的我們。

栩栩如生
指揮大軍的軍士

圖 1-11
白衣彩繪灰陶舉手軍士俑，高55公分，陝西咸陽楊家灣出土，現藏咸陽市博物館。西漢，西元前206～西元25年。

圖1-11　這件陶俑是一九六五年在一個漢墓的陪葬坑出土。這個陪葬坑有一千九百六十五個彩繪步兵俑、五百三十八個彩繪騎馬俑，而這件是其中較為特殊的一個。這個坑已遭到破壞，否則原來隨葬的俑數可能還會更多。漢代常見以日常生活有關的牲畜、器物、僕傭、歌舞俑等隨葬，像這坑數量這麼多，軍容整齊，配備齊全的陶俑行列，是非常罕見的。專家認為這個工程浩大的墓葬是作為漢高祖劉邦的陪葬墓，墓主很可能就是漢初的名將周勃、周亞夫父子。

大多數的彩繪陶俑從地底下挖掘出來以後，因為接觸了地面非常不同的氣候環境，使得圖繪的顏料產生了化學變化而褪色，有時褪色到連痕跡都看不出來。但是這一坑陶俑的彩繪都保存得非常理想，仍然鮮豔絢麗。不但在漢代，就是在唐代的彩繪陶俑裡面，也難得找到同樣鮮明的作品。我們可以通過它們的彩色，想像其他已經褪了顏色的陶俑，在兩千年前應有的生動情況。

秦漢時代的陶俑有一個很大的特徵，即內衣的形式。不管是貴族還是奴僕，文吏或是軍士，男或女，都是有高領的，且不只一件。其形式看起來都有厚重的感覺，很可能是填了棉絮的。外面的罩袍看起來比較單薄。漢代的長袖內衣稱為襜褕（ㄔㄢ　ㄩˊ）。漢武帝時，武安侯身穿襜褕入宮城，結果被判了不成體統的罪名；可以推測平常家居只穿內衣襜褕，有正事外出時才罩一襲輕薄的外袍。內衣兼有家居禦寒與外出展示的功能，所以既要裁剪厚重，也要有衣領。北朝及唐代就不見高領內衣的形式，可能是受到異族生活環境比較公開的影響，家居時間少，穿外衣時間比較多，禦寒的功能就由外衣來承擔。

這一批作品很忠實地塑造了當時軍士們的裝備，讓我們對漢代的戎裝能有具體的認識。圖繪的顏料至少有黑、褐、綠、紅四種，也讓我們多了解一些漢代的彩繪藝術。超過兩千五百件的軍容，雖然還比不上秦始皇兵馬俑上萬的威勢，但是呈現在我們面前寫實的多采多姿，卻不是秦始皇的兵馬俑所可比擬的。

圖 1-12

鉛釉紅瓦陶騎馬射俑，高 31.4 公分。漢，約西元前 50～西元 50 年。

第六章

玩遊戲玩到廢寢忘食，可不是現代人的專利

圖1-13這一組鉛綠釉陶俑由四件所組成，中間是一方形的座，各邊透雕三個圓弧而成為四個支腳的形式。座上放一塊長方形的板，板上左半堆貼的圖樣已經殘缺，右半隆起六條與板等長的窄道。左邊的男士跪坐而身軀微起伸直，頭戴頂上有纓裝飾的圓帽，身穿窄長袖長衣，左手斜上舉，手指有所動作，右手自然下垂。右邊的男士臀部跪坐在小腿上，穿戴同樣的衣帽，兩手向下前伸，兩掌五指併攏，掌心向上。顯示兩人的動作相互回應。參照其他動作類似的漢代陶俑，可以肯定這兩個人是在興高采烈地玩六博遊戲。如果參照另一組河南靈寶張灣出土的六博遊戲俑，這件的棋盤方向應該調整為橫置。六條隆起的長脊應該是表現六根箸箸，放在一

旁。殘缺的另一邊是畫有方框與曲角線的棋盤，原本應放在兩人的中間（如圖 1-14）。

從文獻上了解，在兩漢魏晉時代六博的遊戲非常的流行。下棋是一種有閒情的人所玩的遊戲，大半是生活有餘裕，不必擔心三餐者，勞工就得不到這樣的閒暇。遊戲與歌舞一樣，是生活愉快、無憂無慮的象徵。在仙人的世界裡，物資既無缺乏，精神也是極度快樂的，所以在營構墓室的畫像石上就有仙人歡欣地大玩六博的圖像。因此，墓

流行的休閒
六博遊戲

圖 1-13
鉛釉陶六博遊戲俑，最高 16.4 公分，加拿大皇家安大略博物館藏。東漢，約西元 100～220 年。

圖 1-14
漢畫像石上的博局遊戲圖。

葬裡的六博陶俑也具有漢代常見的祈求長壽的意義。

當時使用的銅鏡更能反映出此時期六博遊戲的盛行程度。當時有種規矩鏡，又稱為博局鏡，因為這種鏡子的背面除主要紋飾之外，還有用顯明的線條標出六博棋盤的線路。這種棋盤的中央是個方框，其四個方向各有一個面對中心點的 T 字形紋，四個 T 字間以圓點分隔，各 T 字之下是 L 字的曲角線條，盤的四個角落是像 V 字的直角線，所以這種鏡子的早期英文名稱叫 TLV 鏡。棋盤上標明的線路和計時日晷的紋路也是一樣，從而可知，漢代的博局鏡是一物三用，既可以用來映照容顏，又可看時間以及下棋。

日晷是一種實用的器具，起源多早雖然已經難於考究，但至遲春秋時代已經使用，比六博遊戲早，可以推知六博是利用日晷的線紋作為玩樂的器具。到底是什麼靈感促使發明者利用日晷的板來遊戲，已不可考。

戰國晚期的墓葬已有木製的六博道具出土。道具除棋盤外，至少還有兩種不同形式的棋子各六顆，以及六根籌箸。從少量有關六博遊戲的描述，以及從棋盤的線路推測，遊戲方式大概是以骰子一類道具擲得的點數，依線路行走，到達特定地點取得預定的點數就算勝利。勝利的結果取決於擲骰子的機率，技巧的要求不高。如果以今日的標準來看，這是一種相當簡單的走棋遊戲，而在當時，不但有「三輔兒童皆誦之」的遊戲口訣，甚至有令人玩到「廢事棄業，忘寢與食」的地步。出土的圖像，玩的人常舞動雙手，興奮不已的樣子。只是這種遊戲太過簡單，吸引人注意的地方似乎只在於投擲點數的一剎那，所以晉代以後就不再流行而失傳了。

第七章

甲骨文「化」字與雜戲表演的關聯

漢代的產業興盛，人們有閒暇從事各種娛樂的活動和文學的創作，在墓葬的畫像石中留下當時表演的多彩形象，諸如弄壺、飛劍、跳丸、衝狹、馬戲、戲車、尋撞、履索、幻術、雜技、俳優、投壺等項目。從一些具體的描寫文字，如張衡〈西京賦〉，就可以見到漢代樂舞雜技扮演的情形，不但有歌舞、說白、化妝，也有鐘、鼓、鑼、笙、箏、笛、琴、瑟等各種樂器，以及人數不等的表演隊伍，規模相當龐大。

驚險刺激的表演
雜耍倒立

圖 1-15
白衣彩繪三人倒立雜技陶俑，高 24 公分，河南省洛陽出土，現藏河南省洛陽文物工作隊。東漢，西元 25～西元 220 年。

圖 1-15 這件陶俑塗上一層白衣，就應該有彩繪，可惜已經褪落，看不出化妝色彩的樣子。這件陶俑塑造了三個人表演倒立的技巧，用於反映死者生前享受到的娛樂節目，並打算要繼續帶去來世享用。雜技屬於百戲之一，表演偏重在力、巧和危險動作的配合。這三個人以不同的姿勢倒立在一個圓形的圍欄之上，這個圓形的圍欄應是一口井。井提供飲水給居民使用，是人們能經營定居生活的一個重要設施，在人口繁多的城市，更是人們聚會的

地點。想要吸引觀眾，水井所在之處是個理想的地方，應當也是雜技團會選擇表演的場所。而且，井既深又有水，如果不慎掉落其中，可能就有生命危險。在井上表演危險的動作無疑更會得到緊張、刺激的效果。漢代戶外表演的場地有時非常寬廣，河南新野一件畫像磚描寫一些人在兩輛前後急馳的馬車上表演倒吊、走繩索、接射箭等技巧，沒有寬廣的空間沒辦法做到讓馬車奔馳這件事。

翻身倒立是雜技團非常受歡迎的表演技巧，**甲骨文的「化」字：**，作一人正立與一人倒立的形狀。化的意義是變化、變幻。《列子．周穆王》的「化人」，敘述種種變幻之技術，就是今日的魔術師。表演魔術的變幻在漢代經常與雜技同團演出，以求演出不單調。甲骨文的化字除了是表達翻跟斗的體操活動之外，實在找不出與字形、字義能有關的其他事物。倒立是體能訓練變化出來的花巧動作，奧運的「體操」項目就是著重這一類技巧的競賽。在某些社會的早期宗教舞蹈，也常表演帶有魔術意味的翻跟斗，也可能便是此種娛樂的源流，倒不一定是衍自於軍事的訓練。從甲骨文的化字，似乎還可以推測，商代已有以娛樂他人為職業的專業雜技表演了。

民眾對於馬戲雜耍的喜好，應該是持續不衰的，清末民初北京天橋的練把式是有名的景點。雜技俑在漢代的墓葬也是常見到的，但是以後的時代就不見了。漢代的人嚮往神仙快樂的生活，所以要把滿足口欲的生活用具、舒展身心的琴棋、雜技都帶到天上去。漢代以後神仙思想較為淡薄，所注重的是表現俗世威儀的僕傭以及儀仗，所以多見騎吹、軍陣的出土，娛樂感官的細目可以略而不論，就少見雞鴨、爐灶，以及百戲的表演了。

化 huà ＝ 化

作一人正立與一人倒立的形狀。

第章

四川富庶及注重藝術的證明

圖1-16 這件陶俑不能只當作一般的隨葬品來看，而應該看作是一件精心塑造，僅見的藝術瑰寶。它的尺寸也不是一般的漢代陶俑所可比擬的，其高大的尺寸更增加其動人的氣魄。雖然上面所塗繪的色彩已經剝落，但一點也動搖不了其風趣、詼諧的價值。

這個說唱俑的頭上戴了一個小帽，還繫綁了條巾，打了一個結。上身袒露，顯露鬆弛下垂的腹部。左手抱著小鼓，

說唱俑
誇張逗趣的表情

圖 1-16
擊鼓說唱灰陶俑，高56公分，四川新都，現藏四川新都縣文物管理所。東漢，西元25～西元220年。

上臂還戴了一副串珠一類的東西，如果原先的色彩還保留著的話，一定與手的顏色很不同，增加表演的色彩效果。右手拿著鼓槌，作即將打擊的樣子。下身穿勞動者的長褲，左腳曲膝而坐，右腳則抬起來前伸，顯露沒有穿鞋的腳底，看來他是在室內表演，否則大半會有穿鞋子。一看說唱俑的臉孔，額上竟有好幾條深刻的彎曲皺紋，可以判斷他長期為謀生活而奔波，讓歲月在臉上鑄下了飽經風霜的烙印。他張口露齒吐舌，眉開眼笑，看似神采飛揚，自得其樂的樣子，可能在心中滿是心酸，否則就不會有那麼多的皺紋了。

塑造這位陶俑的藝術家，捕捉了說唱者說到得意處的那種神采奕奕的剎那神情，並以誇張、詼諧的手法表現出來；高聳的肩膀，突出的臉部表情，鬆弛下垂而無力的腹部再配上一個圓滾滾凸出的肚子，這已是把眼前的景象，通過藝術家的巧思加以誇張並且詼諧、幽默化了，讓人一見到就永難忘懷其滑稽的形象。如果是完全寫實的，恐怕就沒有那麼好的效果，不到半日就讓人消退了印象。筆者還能回想起當時站在這個塑像之前莞爾微笑的感覺。

除了這件以外，四川郫縣也出土了一件漢代擊鼓俳優俑（見圖1-17），其詼諧的表情比這一件更為誇張，同樣是上身袒露，腹部鬆弛下垂，抱小鼓的左手臂也戴了一副串珠，同樣是滿臉的皺紋風霜，他眼睛歪斜、嘴巴歪扭、吐舌頭的詼諧樣子更讓人要不禁開懷大笑。這兩件很可能都是同一人所塑造的作品，才會有如此類似的身材與表現手法。說不定模特兒也是同一個人。

比起唐代的陶俑，漢代的製作一般要簡陋得多，大都採略具形象的鼻目，而不在意容貌神情的細節刻劃。不過在四川卻出土了這兩件描寫逼真傳神的人物俑，不但衣服縐痕明顯，連眼角的皺紋也都表現出來了。四川雖偏處中國的一隅，到了漢代已經是一個物阜民豐的富庶地方，而且藝術的風氣應該也很濃厚。有名的愛情故事中，卓文君在暗中聽了作為客人的司馬相如在宴席中表演琴藝，感動得黑夜奔來委身相許。文君的父親卓王孫的家道非常殷富，有家僮八百人。這個故事可以印證四川的富庶與普遍喜好藝術的風氣。四川文物常見徵引的還有一種，即構圖新穎的描寫當地生活的大型畫像磚。如魚池旁的弋射、農田上的收穫，宴席前的樂舞百戲，鹽場運鹽等等，其圖案都可以當作高超的版畫看待，蜀地如果沒有良好的藝術市場，恐怕也很難能產生這些高水平的藝術商品。

圖 1-17
擊鼓俳優俑，高 66.5 公分，四川郫縣出土，四川省博物館藏。

圖 1-18
白衣灰陶娛樂俑，最高 21.2 公分。東漢，西元一世紀中期至二世紀。

圖 1-19
彩繪樂舞雜技陶俑，長 67 公分，寬 47.5 公分，中國歷史博物館藏。西漢，西元前 206～西元 25 年。

圖 1-20
撫琴陶俑，高36公分。東漢，貴州省博物館藏。西元25～西元220年。

第章

畫像石中隱藏的祕密

畫像石是兩漢常見的文物，尤其是在東漢。所謂畫像，是指墓室石壁上的裝飾圖案，偶爾在地面上的石闕建築也能見到。圖案的內容大致可分為四類：一是表現個人的財富與地位，諸如宅院、農田、牧場、作坊、倉廩、庖廚、宴飲、樂舞、百戲、講學、車馬出行等。這是用來代表墓主生前的知識水準，以及擁有的財富和榮耀，以便帶去來生使用；二是具星象、鬼神、祥瑞意涵的事物，代表漢代普遍所期望的長生不死神仙信仰；第三類是歷史故事，純粹只是裝飾的作用，與墓主人的生活與成仙的期望並沒有關聯，可能是想表達出墓主的文化素養；第四是單純的裝飾圖案。

豪奢的墓葬
精心雕琢的畫像磚

圖 1-21
漢畫像石，長103公分，寬48～55公分，厚18公分，嘉祥縣文管所藏。東漢，西元26至220年。

圖1-21所示的這塊畫像石，圖案總共分成三格三個故事。最上一幅畫著兩位戴武士冠的武士，左邊那位的雙手握著一條頭尾上捲，似乎在掙扎、想要脫逃的蛇。右邊那位武士則身穿寬袖交領的短袍，並攤開雙手，但看不出來他實際上是在做什麼，這幅圖有可能是想表現一個人有勇氣，而另一個人卻很膽怯的樣子。中間一幅的故事發生在一座四坡斜簷的高級建物內，建築物的屋頂上有一隻鳳凰及一個人。屋頂有鳳凰在漢代美術表現中很常見，大概是指有德者才能招

致鳳凰來儀，因此推測是位高權重者才能使用的圖像。屋簷下也站立一人，面向右，頭頂上方有「吳王」的題字，吳王前後各有一人，似乎正在向吳王提出建議。大致是表現出吳王在聽過建議後，下了明智的決定，但到底所指何事，目前並不清楚。最下的一幅則是一位頭戴皇字形冠冕的少年，左側題為「太子」。右方有一人為太子打傘蓋，這是登基的儀式。左邊有二人在觀禮。下方並列有兩張床，床上各有一人。左邊一人的頭上戴著圓尖頂帽，穿交領上衣，正面跪坐，似是整個儀式的主持者。從這些圖像判斷，這塊畫像石敘述的故事應該是周武王死後，周公攝政輔佐成王，武庚和管叔等人不服管治群起作亂，結果被周公誅殺並歸政於成王的歷史事實。

畫像石之製作是先用線條勾勒出圖像的輪廓，或是以線刻劃出輪廓，這是比較早期的作法；之後發展出浮雕的形式，雕琢掉圖像以外的部分，並用陰線表現細節，這種方式是當時的主流。除此之外，也有配合彩繪的畫像石。

畫像石大致興起於西漢宣帝、元帝時期，從山東，江蘇、安徽北部，以及相鄰的河北、山西交界開始，逐漸往西推廣至四川、雲南地區。直至東漢末期，又很快的從各地消失。

畫像石的製作有兩個必要條件，一是容易取得石材，二是因為製作費工，因此需要較為寬裕的經濟條件。洛陽地區在西漢早期出現一種單棺的空心磚墓。空心磚室一般略大於木棺，長二到三公尺，寬一公尺左右，具有木槨的作用。這種墓室陪葬了仿銅禮器，身分顯然比陪葬少的單棺土洞墓高，看來是前代長方形豎穴木槨墓的衍生。可能是因為木材短缺，因此興起這樣的設置，其後使用漸多。到了西漢中期，又興起夫婦合葬形式的雙棺空心磚墓。起先的空心磚墓都是平頂的，此時也開始製作尖頂家屋的樣式；大約在漢宣帝前後的時期，開始使用小條磚砌構墳墓，不久就修建出有前、後、耳室的多隔間磚墓，到此時，磚墓與地上的住家建築已經沒有太大差別。從此埋葬就極少使用傳統的棺槨制度了。

漢代盛行厚葬，多墓室設計的結構向東推廣到山東一帶時，有了新的變化。此地區多山，石材開採比較容易；加以戰國以來作為最重要經濟產物的鹽、鐵、絲業，在此地區相當發達，造就富庶者眾，豪族互相攀比競賽豪奢的程度。例如以石材修建墓室，當然也花費心思在石上雕琢花紋，以達到裝飾的效果。這種奢侈的行為，反向往西傳播，先是河南、湖北，再傳到陝西、山西，最終抵達四川、雲南。不久，東漢末年黃巾之亂，使整個北方經濟遭受極大的打擊，財力既然短絀，非必要的喪葬費用自然也要加以節省，更何況魏文帝又下令薄葬，所以這種特有的藝術形式就迅速衰落了。

圖 1-22
黑龍紋空心瓦磚，長 100 公分，寬 38 公分，厚 16.5 公分，秦一號宮殿出土，西元前 221～207 年。

圖 1-23
壓印狩獵紋三角形空心灰陶墓磚，長 167 公分，西漢，西元前 206～西元 24 年。

圖 1-24
雕塑羊頭壓印園圃紋屋簷形灰陶墓磚，高 60.5 公分，西漢，西元前 206～西元 24 年。常擺在兩件三角形之間作為中心柱。

圖 1-25
彩繪畫像石，東方天神勾芒紋，陝西神木大保當漢代墓葬出土，東漢，西元一至三世紀。作用與空心瓦磚同。

第十章

建造高樓的意義，與甲骨文「樓」字的構成

圖1-26 這座塔樓有三個敞開的門，表示至少有三樓層。如果從門戶的高度推測，可能每層有門之樓上又有一層只開透雕窗戶的樓房，如果以人物的高度來估計，更可能有今日的十層樓高。這座塔樓有壕溝保護著。壕溝中有魚與龜在游水，有可能表現主人還開闢有池塘，經營人工的養殖業。不但壕溝周圍有騎馬裝甲的武士在查巡，第二與第三層樓上也有持弩機與盾牌的武士在陽臺戒備，以確保塔樓裡的家人與財物的安全。愈是富裕的人家，愈容易受到強有力的盜賊覬覦，因此愈有錢的人家保護的武力要愈龐大。在古代，有徒眾也是一種威權的具體表徵。與司馬相如私奔的卓文君，她的父親卓王孫就擁有家僮八百人。可以想像，當主人與賓客

與浮雲同高
塔樓建築

圖 1-26
鉛綠釉紅陶塔樓，高 120 公分，現藏加拿大皇家安大略博物館。東漢，西元二世紀中期至三世紀早期。

們在頂樓遠眺延伸的莊園，享受美酒珍食、歌舞弦樂，冥想永恆的來世時，護衛們戒慎戒懼的警戒氣氛。

在任何社會，尤其是年代越早的，越高的建築就表示主人的地位越高。要讓房子的外觀看起來高聳，古代有兩種辦法：一是建築在呈階梯狀的土層上，雖然每一土層只建一層樓房，遠遠看起來就像是多層的樓房。二是如果木構建築的柱子能承受高樓的壓力，也可以在同一土層上建造多層的樓房。這兩種形式的多層建築，商代都有文字表示，一作**建築在干欄上的兩層建築物**：，一作**建築在夯打結實的地基上建造的兩層建築物**：。這兩個字一定已被其他的形聲字所取代。可能前一字是「**樓**」，後一字是「**臺**」。發掘的商代遺址，從柱礎排列的痕跡也可以看出當時有建造二層樓房的證據。

高樓不但可以防溼防水，它居高臨下，也便於偵察、防範敵人，而且遠遠就可以望見，能提高統治者的威勢。所以商代開始就有在高臺上蓋樓以資紀念以及誇耀的風氣。東周到漢代的君主迷信神仙的存在，為了能更接近天上的神仙，樓臺就越蓋越高，《史記·封禪書》記載漢武帝為了親近神仙而大建高樓，其中甘泉宮的延壽觀高達三十丈，建章宮的鳳闕高達二十餘丈，神明臺、井幹樓高達五十丈。漢代一丈約合今日的二·三公尺，五十丈的高度就超過一百公尺了。所以高樓在漢代還具有求神仙給予長壽的意義。但木構建築不可能承受如此多層高樓的壓力，故只能建築在呈階梯狀的土層上。

漢代的建築，現今除了少數的石闕和祠堂以外，已無有保存者，但墓葬中的這些塔樓俑，讓我們見證了當代輝煌的建築成就，以及延續不斷的中國特有建築藝術。圖 1-26 這個塔樓的每一層樓都有斗拱的設施以承擔厚重的四坡重簷屋頂。每一層樓也都有大片的採光透雕窗戶及雕琢的樑柱。屋簷覆蓋著上釉的陶瓦片和上挑的脊角裝飾。此樓就好像在為東漢古詩十九首之一「西北有高樓，上與浮雲齊。交疏結綺窗，阿閣三重階。上有絃歌聲，音響一何悲。」作場地的註解。

圖 1-27

綠釉陶樓，高 114 公分，山東高唐出土。東漢，西元一至三世紀。

圖 1-28

紅陶城堡房屋四面，高 28.2 公分，寬 39.5 公分，底 41.3 公分，廣州出土，中國歷史博物館藏。漢，西元前 221～西元 220 年。東漢時形制大致相似，牆面有漏孔的裝飾，反映南方建築特色。

樓 lóu ＝ 樓

建築在干欄上的兩層建築物，可能是「樓」。

臺 tái ＝ 臺

建築在夯打結實的地基上建造的兩層建築物，可能是「臺」。

第十一章 來源於私有財產制的陪葬信仰

圖 1-30 這一件鉛綠釉四足方形錢櫃是模印以後再黏合成形的，外壁裝飾很多個當時的五銖錢以明示其用途，上面還設個可以開闔的小蓋子，這是人人都可隨葬的物品：錢櫃。

圖 1-30 這個錢櫃的外表塗滿著鉛綠釉。鉛釉指以鉛的化合物為助熔劑的釉彩，是一種攝氏七百度就開始熔化的低溫釉。在氧化燄中以鐵為著色劑就呈色為黃褐色或棕紅色，以銅為著色劑則呈色為美麗的翠綠色。到了漢宣帝時期，鉛釉

圖 1-29
各式隨葬鉛綠釉紅陶日用模型俑：分別為灶爐、碓磨、豬圈。最高 16.5 公分，加拿大皇家安大略博物館藏。東漢，西元一世紀晚期至三世紀。

帶到神靈世界使用錢櫃

圖 1-30
鉛綠釉陶錢櫃模型，高 18.9 公分，現藏加拿大皇家安大略博物館。東漢，約西元 100～220 年。

的使用有了明顯的進步，墓中出土較大量的鉛綠釉明器。鉛綠釉陶器的釉層均勻，色彩鮮明，觸之平滑，令人喜愛而多作為日用生活的器具，但是卻很少見到實用器的出土。可能因為鉛釉陶是以低溫燒成，陶質脆弱，不堪碰撞，更可能是人們知道釉彩中的鉛對人體有不良的效果，不適宜作為食用的器具，所以專門用以燒造隨葬品。鉛綠釉長期處於潮溼的環境時，會因為化學變化而產生一層銀白色的光澤外衣，很得收藏者的喜愛。

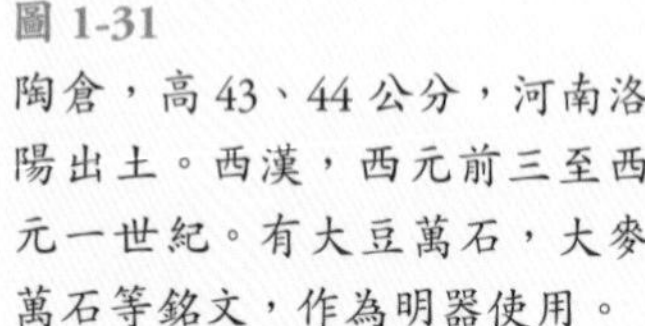

圖 1-31
陶倉，高 43、44 公分，河南洛陽出土。西漢，西元前三至西元一世紀。有大豆萬石，大麥萬石等銘文，作為明器使用。

圖 1-32
灰陶猴俑，高 14.1 公分，陝西省西安市文物園林局藏。西漢，西元前 206～西元 25 年。

圖 1-33
石田塘，長 81 公分，寬 48 公分，高 11 公分。東漢，西元一至三世紀。

圖 1-34
綠釉瓦陶都樹俑，高 63 公分，河南省博物館藏。西漢，西元前 206～西元 25 年。據古代文獻，桃都山上有大樹，名曰桃都，枝相去三千里，上有一天雞，日初出，光彩照木。天雞則鳴，群雞皆隨之鳴。

圖 1-35
陶船，高 16 公分，長 54 公分，廣州出土。東漢，西元一至西元三世紀。前有碇，後有舵，船上六人，依人身高比例換算，船長可達 14～15 公尺，載重約五百斛以上，甲板布置六組矛與盾。

第十二章 古代最安穩的代步工具：牛車

圖1-36這一件俑在長方形的底板上塑造一隻牛、兩個駕馭夫和一部有篷的車子模型，是非常罕見的文物。牛的軀體非常粗壯，兩隻尖角上翹，顏面套著羈勒，頸前繫個小鈴，垂胡延長至腹下，背微駝，上面架著雙轅套軛，寬厚的身上堆砌套車的皮帶裝飾。除了四隻腳顯得太過粗短以外，整體詳實逼真，應該是北方的牛種。北朝的墓葬常見到類似的牛俑，如附圖1-37。從馭夫頭髮的樣式，可以推斷左邊的是異族而右邊的是華夏人。馭夫需要用到不同民族的人，可能是因為生活在北方中外雜處的地區需要。

和其他北朝的車俑相比，這一部車顯得格外豪華。車輪的二十二根輻輳，膨大的軸端，讓

格外豪華的座駕
褐釉紅陶牛車

圖 1-36
褐釉紅陶牛車俑，高 39.5 公分，長 45.8 公分，加拿大安大略博物館藏。北朝至隋代，約西元六世紀中期至七世紀早期。

人感覺它的堅壯。如果沒有如此粗壯的輪軸，可能難於承受高大的輿座和前後伸展出來像是瓦蓋的篷子。車輿前端有活動的物件，可作主人上下車時的踏板，及行車時馭夫的坐椅。車後也用泥土捏塑了可以防止灰塵進入輿內，長而有穗狀緣飾的掛簾。車兩旁上下各有插座以及插孔，說明它們是用來支撐木棍，可能是支持複式的絲質穹頂傘蓋用的。這樣看來，瓦蓋形的篷子應是可以卸下的，所以需要篷子的兩側各有九顆大釘子加以固定。冬天或下雨的時候使用篷子，夏天就用絲傘，考慮得非常周到。

緩慢的牛車應該早於快速馬車的使用。文獻說距今四千年前夏禹以馬替代牛來拉車，這符合馬被家養的時間比牛晚的考據。可是商代發掘的車子都是兩馬拉曳的。商代馬車的輿座很小，重心高，容易造成翻車事故，不宜作快速的奔跑，不是旅行的理想工具。但貴族高高乘坐在上頭方便指揮，

圖 1-37

陶牛，高34.5公分，長36公分，太原婁叡墓出土。北齊，西元386～534年。

圖 1-38
白衣、加彩或上釉的瓦陶牛車俑。最高 39.5 公分。西晉至唐代，西元三世紀中期至七世紀中期。

是種身分的象徵，所以以之隨葬。牛車只是載重的工具，當時也還沒有發展到普遍以牛車代步。從文獻的描述，東周時代貴族平日就常以馬車代步，兩漢墓葬的畫像石，馬車形象也非常普遍。對於一般人而言，顛簸的馬車不舒服也不安全。除了馬的供應不充足外，統治階級也愈來愈疏於軍事訓練，所以根據《晉書・輿服志》，到了東漢晚期牛車就變成自天子至於士庶的常用交通工具，墓葬也開始能見到牛車。北朝的墓葬和壁畫，牛車作為墓主人的坐乘，常被安置在一大群馬騎護衛之中。到了唐代，可能社會尚武的關係，連貴婦女也騎起馬來，墓葬裡就見不到牛車的形象了。

學者發現這個牛車模型的製作年代難於斷定，因為沒有類似的出土物可供比較。如果從文物的現象來觀察，漢代的陶俑人物以略具形象為特點，不會像這件牛的耳角眼鼻口都塑造得忠實而詳細，所以從漢代到唐代這一段盛行陶俑的期間，它比較是屬於後段的風格。駝背粗壯的牛是北朝墓葬裡常見的，尤其是背上套著皮帶和圓瘤狀裝飾更是特色。可是北朝的陶俑只有彩繪，幾乎不見上釉彩的例子。如果定年代為唐代，那時候貴族已不以牛車為時尚，早期上釉的俑也都是黃釉而非褐釉，三彩則要稍晚時候才有，所以也不合適。北朝陶俑雖然習慣不上釉，但是醬褐色的釉彩卻是北方學習南方青瓷的結果。這個車子的造型非常別緻，不是普通人家所訂製，使用昂貴的釉料製作非不可能，現只能暫定為六世紀中期至七世紀早期，確實的日期要等待來日的考古了。

第十三章

什麼時候才出現大量製作陶俑的技術？

早期的文物常常因為私下盜掘而淹沒了出土的訊息，以致難於有效斷定文物的年代。科學的發掘，就可以通過各種訊息的交互比對，而能有效地對文物作正確的斷代。圖 1-39 至圖 1-41 的三件站在山石上的武士俑，型態雖然有少許的差異，通過比較，可以推定應該都是由同一套模子，同一個作坊所製造出來的。

圖1-39保存的狀況最為理想，黃色釉上彩繪的顏料，基本上都沒有褪落掉，還鮮豔如新。此武士身材碩壯，面龐修長，五官清秀，雙眉微顰，兩眼圓瞪，嘴上有兩道上翹的鬍子，紅唇下蓄短髭，頭戴著一件碗形的兜鍪，上有半球形的護頂而兩側有下垂的護耳。身穿長及地的長袍，外頭罩以短袍，再加以束繩的盔甲。保護上半身的盔甲用寬的皮帶緊緊套住肩上的帶扣。護胸的甲片下延至小肚，背甲則塞在保護腎臟的綴甲之下。盔甲被交叉捆縛的繩子固定位置。頸部在護耳之下似以金屬物保護，兩肩披虎頭護肩。虎頭雙目圓瞪，張口露齒，狀甚兇猛。長袍中的腳套有綴甲的護腿，腳穿長褲以及皮鞋。武士雙腳一前一後，呈丁字形站立。兩手都握拳，手中有一孔洞，但所持拿的東西已經腐爛，從兩臂的姿勢看，應該是左手按著盾牌，右手持拿槍矛一類的長兵。威風凜凜，令人不敢輕易侵犯。在墓道的斜坡上守衛著墓室的安全。

這件武士俑的衣袍以及盔甲裝飾著十數種圖案，分別代表紡織、刺繡、圖繪、編綴等種種不同的材料和裝飾手法。描寫的仔細，製作的謹慎都令人嘆服。譬如在藍色的大片胸甲下面，可以看到一片片相互交疊的彩繪菱形綴甲。不同層次的花邊和刺繡也都一絲不苟地以不同顏色彩繪。衣與甲的邊緣還貼金箔，當是反映實際的形象。

圖1-39這件陶俑不但詳細而如實展示唐代武士的衣裝和甲冑形制，最重要的是它們製作的具

大量翻造武士陶俑

圖 1-39
釉上貼金彩繪白陶武士俑，高71.5 公分，鄭仁泰墓出土，陝西歷史博物館藏。唐，麟德元年（西元664年）。

圖 1-40
高 72.5 公分，張士貴墓出土，陝西昭陵博物館藏。唐，西元 618～907 年。

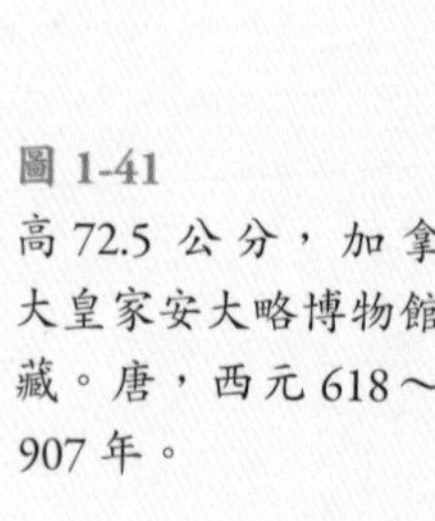

圖 1-41
高 72.5 公分，加拿大皇家安大略博物館藏。唐，西元 618～907 年。

體年代也可以曉得。同時存世的至少還有兩件是由同一套模子翻造的，即圖 1-40 和圖 1-41，不過它們彩繪的保存情況稍為差些。圖示的第三件圖 1-41，一九二三年入藏加拿大皇家安大略博物館，除墨線外，所有的彩繪幾乎褪脫殆盡。圖 1-39 與圖 1-40 都出土於陝西醴泉，圖 1-39 出自鄭仁泰的墓葬，圖 1-40 出自張士貴的墓葬，兩人都是唐太宗李世民的將軍，看來他們埋葬在同一個地區不是沒有原因的。鄭仁泰是唐太宗還當秦王時候的親兵頭目，葬於麟德元年（西元六六四年）。為研究唐朝初期的衣制提供可靠的實物材料，足當重要的斷代標準器。

這三件陶俑雖然翻自同一組模子，但衣著紋飾、鬚眉的細節略有不同，型態上也作了少許的變化。如第三件圖1-41的兜鍪，下緣多出了好幾個圓球物，胸甲上的左右護心鏡各加一個鈴，雙肩的虎頭也加有鈴，盔甲下部的綁繩形式也不同。比較以上三件的製作，可以知道當時雖然以壓模的方式大量翻造陶俑，但每一件的彩繪和黏貼的附加物都有些許差異，以滿足有所差別的個別需求。

圖 1-42
彩繪貼金瓦陶文官俑，高68.5公分，鄭仁泰墓出土。唐，西元618～907年。陝西省昭陵博物館藏。

圖 1-43
三彩釉白色陶外國騎士俑，高 43 公分。唐代，西元八世紀早期。在洛陽龍門一個於西元 709 年埋葬的安菩夫婦墓葬，發掘到一件與此件幾乎在尺寸、顏色、風格上一模一樣的陶俑。這件也傳言是得自洛陽。

圖 1-44
胡人陶俑，高 26.2 公分，隋，西元 581～618 年。河南省博物館藏。

圖 1-45
攜鷹犬的騎馬獵者俑，最高 33 公分。唐代，西元八世紀早期。

圖 1-47
天王俑，三彩釉白陶，高 104.5 公分。唐代，西元八世紀早期。

圖 1-46
白釉黑彩侍吏俑，高 71 公分，河南省博物館藏。隋，西元 581～618 年。這是在白釉上最早裝飾黑彩的瓷器作品，為中國北方瓷器白釉黑彩裝飾開了先河。

圖 1-48
三彩鎮墓獸，高 130.2 公分，甘肅省博物館藏。唐，西元 618～907 年。

第十四章 風靡上流社會的馬球遊戲

圖1-49這件陶俑很真實地捕捉一位女士騎在馬上玩馬球的瞬間動態。馬的四蹄跳躍起來，前兩腳極度前伸，後兩腳則大力往後蹬，首與頸則稍傾向左邊，微微張口吸氣，即將左轉彎的樣子。而馬上的人，從所紮頭巾顯現的兩股高尖的形式，可以推斷她是一位婦女，梳的可能是驚鵠髻，那是將頭髮攏至頭頂，編梳成左右兩股，好像是鳥受驚嚇，揚起兩翼而欲飛離的樣子。這是在高貴社交圈中所梳的髮型，其形象見於陝西乾縣永泰公主墓的石槨線刻。此女面容姣好，豐腴而不胖，身穿圓領窄長袖的長袍，腳穿長褲及皮鞋。身軀向右略微傾斜，兩眼下視，右手握拳舉起，似要下擊之狀，握拳中有一孔，應是已腐爛掉的球棍。左手彎曲下垂在馬

馬球女騎俑

玉鞍初跨柳腰柔

圖 1-49
三彩鉛釉瓦陶馬球女騎俑，長 34.2 公分，加拿大皇家安大略博物館藏。唐，約西元 695～715 年。

的左旁，似乎在控制韁繩要讓馬匹左轉的樣子。從馬與人的姿勢看，應是打馬球的動作。

這件陶器除了胎色的透明白色以外，釉彩還顯現有綠與褐兩色，這是以鉛的氧化物作為助熔劑的鉛釉三彩陶的特徵。人與馬的塑造都非常的真實而優美，色調的搭配也相當自然而有活力，燒造時釉彩的流動也控制得恰到好處。不要說玩馬球的陶俑已非常罕見，就只看整個塑像設計的明朗，釉彩的完美，就足以列入最佳陶塑之行列。三彩陶俑的燒造始於唐高宗時，開元年間最盛，安祿山之亂以後幾乎就不見了。這件精品最可能是極盛時期的作品。

馬在中國是權貴的寵物，價格昂貴，訓練不易，乘坐馬車已不容易，更不用說騎在馬背上，所以東漢晚期以來，貴族們已以牛車代步。騎馬奔跑是相當驚險、激烈的動作。馬球需要在馬上彎腰持棍打球進門洞，強健的體格、優良的騎術、敏捷的身手、靈活的腦筋，都是玩馬球的必要條件，不是一般男性所能具有的素質。這位女性竟能從容參與，一定經過相當的努力，令人由衷佩服。五代時蜀國花蕊夫人的詩有如下的句子：「自教宮娥學打球，玉鞍初跨柳腰柔。上棚知是官家隊，遍遍長贏第一籌。」正好可以移來形容這位女性。

中國的馬不駿逸，騎馬術也是和游牧民族接觸以後才興起的，所以馬球肯定是外來的運動項目。至於它傳到中國的時間，西元三世紀曹植所寫的〈名都篇〉中有「連騎擊鞠」，有人認為「很多騎馬者在打球」就是在玩馬球。不過較具體的描述要等到唐代才有。馬球發源於今日伊朗的波斯，應該經陸路傳進來，但具體的路線已難考究。

唐代馬球比賽的球門分單門與雙門兩種形式。單門的比賽比較簡單，以各隊打進球門的數量多寡分勝負。雙門則較需要技巧，共同追逐一個球，以攻進對方球門為勝利。《封氏聞見記》

記載唐中宗命令兒子臨淄郡王、嗣虢王，駙馬楊慎交，以及武廷秀四人與吐番使臣十個人比賽而得勝利的故事，可見當時的高級貴族如何普遍喜愛和精於這種遊戲了。

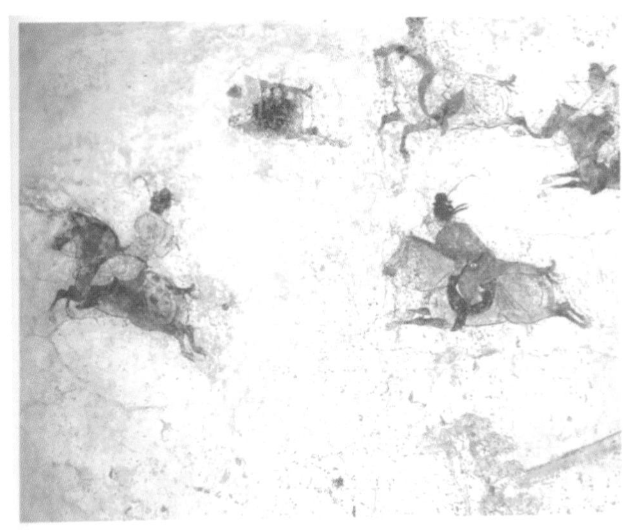

圖 1-50
唐章懷太子墓馬球圖壁畫部分，完整畫面高 229 公分，寬 688 公分，約景雲二年（西元 711 年）。

圖 1-51
馬球群俑，通高 30～33.5 公分，陝西西安出土。墓主死於如意元年（西元 692 年），時年才 16 歲。

第十五章

甲骨文的「安」，隱藏著對女性的限制？

圖 1-52　這件婦女騎馬俑，馬的全身塗黃釉加上彩繪，而婦女卻只有塗白衣加彩繪，這是因為臉部如果施釉彩，將太過光亮而失去真實感。這匹馬四足直立在一塊矩形板上，如此才能安穩地放置在地板上。馬俯首而立，看起來受過良好的訓練，非常馴良，要等待主人坐穩了，下了前進的命令以後才會有所行動。馬的鬃毛、腳蹄、口唇部分都塗上紅彩，臀部則畫點點紅斑。鞍頭塗黑色，鞍下的毯子黑、紅顏色的圖案和花邊也都有畫出來，馬頭、胸上、背上

女性的解放
外出活動的婦女

圖 1-52
彩繪釉陶婦女騎俑，高 37 公分，長 29 公分，陝西禮泉鄭仁泰墓出土，陝西歷史博物館藏。唐，約西元664年。

也畫上黑色羃絡。馬上的婦女面目清秀，有大眼睛、濃眉毛、挺直的鼻子、朱色的小嘴唇，頭戴黑色寬邊帷帽，帽子繫有寬絲巾，交互綑縛於頷下，並圍繞著頸子。身穿白色窄長袖短衫，外罩寬花邊短襦，下身著白色長裙，裙下露出黑色的皮鞋。右手下垂，左手則前傾微舉而握拳，看來像是握著轡繩的樣子。這位婦女神態安詳自若，很有教養的樣子，如果不是貴婦人，也一定是生活在富貴環境裡的人。

馬是戶外活動的用具，這位婦女的面孔不遮蓋，表示貴婦女可以外出活動，而且不在乎她的身分被知曉。唐代的陶俑出現很多類似這位婦女的騎馬形象，有些連帽子也不戴（如圖1-53），有些穿著男子的服式，比賽馬球。當時有一位寒山和尚，寫詩描寫婦女的形象：「逢見一群女，端正容貌美。頭戴蜀樣花，燕脂塗粉膩。金釧鏤銀朵，羅衣緋紅紫。朱顏類神仙，香帶氛氳氣。」說明婦女可以成群結隊大方地參加廟會、賞花等擁擠的聚會，顯示當時社會容許婦女參與公眾的活動，她們享有相當的自由及自主性。

漢代的陶俑雖也有婦女的形象，主要是服侍主人的奴僕，或娛樂賓客的伎樂，她們的活動限定在室內。就算有時候也可以到戶外，但那是由於地位低，不用考量名節，所以可以不計較，一般良家婦女就不容許了。所以也就看不到從事戶外活動的形象。

圖 1-53
彩繪瓦陶女侍騎俑，最高 27.7 公分。唐，約西元 725～750 年。

圖 1-54
彩繪帷帽女騎陶俑，高 45 公分。唐，西元 618～905 年。

中國自進入父系社會以後，婦女的地位不但愈益低下，行動也被限定在室內。從《禮記・內則》所敘述漢代的教育內容就可以看出端倪。男孩子八歲就可以出入門戶，十歲寄宿於外學習讀書識字。但是女孩子十歲就不能出門，學習燒飯紡織，侍奉長輩。出嫁後也一樣要守在家裡。**甲骨文的「安」字：**，作一位女性在家中安坐的樣子。意思是女性在家中才安全，外出就容易遭受侵犯。而**宂字：**，作一個男性在家中之狀，意義卻是有空閒。因為男人需要

圖 1-55
三彩釉白陶婦女俑，最高 42.8 公分。唐代，西元八世紀早期。

圖 1-56
三彩釉陶婦女俑，高 44.5 公分。唐，西元 618～907 年。陝西歷史博物館藏。

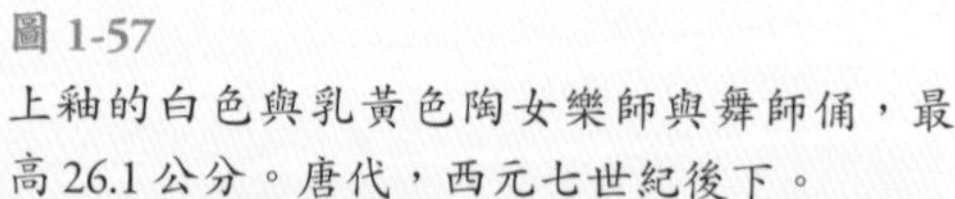

圖 1-57
上釉的白色與乳黃色陶女樂師與舞師俑，最高 26.1 公分。唐代，西元七世紀後下。

圖 1-58
彩繪帷帽女騎陶俑，高 45 公分。唐，西元 618～905 年。

在屋外工作，回到家裡就是要休息了。至於為什麼漢代以後婦女的行動較不受拘束，應該與外族統治中國有關。游牧民族逐水草而居，婦女無法避免需要旅行，暴露形象的機會多，限制也自然就較寬鬆。

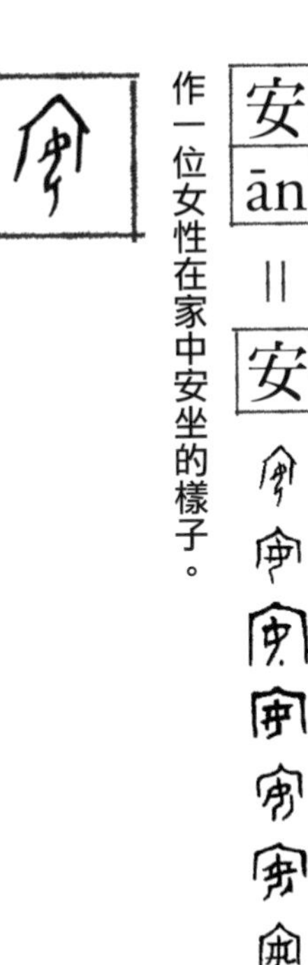

第十六章

大有來頭的御賜寶馬

圖1-59這匹三彩釉陶馬俑精神奕奕，張口而安詳地站立在一塊窄小的方板上。整隻馬的體型非常勻稱，看起來健壯而善跑。馬鬃被修整成窄長平脊，而在左邊的馬頸上還留下一撮三角形未剪，以便騎馬的人拉援之以上馬。尾巴也修剪打結成為上翹的形狀。馬鞍披著綹綹的綠毛毯，滿臉鬍鬚的馬夫雙手作控馭馬的樣子在旁邊照料著，等待主人上馬。騎這匹馬的人一定具有相當的地位。

這組馬與馬夫俑的尺寸高大，在同類中數一數二，一定出自大有來頭的墳墓。唐代有機構專門負責官員隨葬陶俑的數量與品類，不是有錢就可隨意購置的。尤其是這匹馬的左胸上刻勒著「飛風」兩個飛舞的字（見圖1-60）。根據《舊唐書・職官志》，飛風、三花是御廄裡頭由外

特別的賞賜 三彩釉陶馬

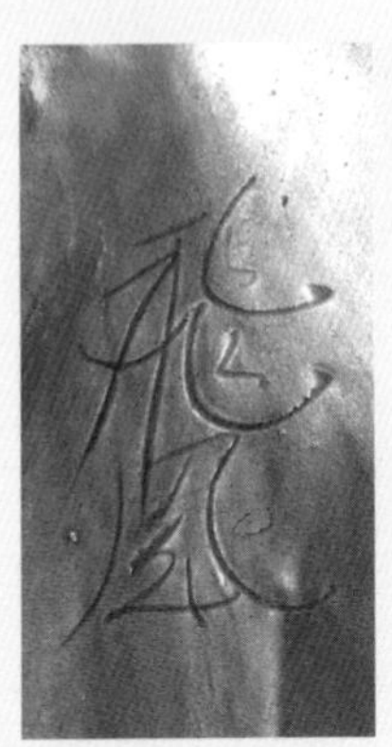

圖 1-60
飛凬。

圖 1-59
三彩釉白陶馬與馬夫俑，最高 75.5 公分，藏加拿大皇家安大略博物館。唐代，西元八世紀早期。

牧所進貢的良馬標誌。沒有得到皇帝的恩賞，是不許擁有的。唐代的馬俑出土無數，但是有刻銘的只這一件。很可能是墓主人立了大功勞，皇帝命令燒造這件有銘的陶馬，以象徵他的特別賞賜。歐陽修編撰《新唐書》時把「飛風」兩字寫成飛鳳，這件陶馬可以證明他的筆誤。

馬的體型高大，感覺器官發達，眼睛大而位置高，視野寬闊，記憶力、判斷力都強，方向感也極正確，加以力大善於奔跑，是非常有用的軍事牲畜。中亞的人很早就懂得用馬代步，中國雖然在距今四千二百年前的夏禹時代也馴服了馬，但明確記載騎於馬上的事例卻遲至春秋時代才有。商代一座一個人與一匹馬的隨葬坑，出土了馬鞭、弓、箭、戈、刀和馬的裝飾物，不見馬車上常見的青銅裝飾零件，被認為就是單騎的證據。**甲骨文的「奇」字：**，很像是一個人騎在一匹馬背上的樣子，即騎字的初形，有人甚至認為商代單騎與騎射已頗為盛行

馬要精選良種以及經過長時間的訓練才能拉曳車子或騎之作快速的奔跑。牠們相當聰明，能感覺出來乘騎者的心情，尤其是單騎的時候，如果騎者猶疑不決，心存畏懼，馬就會受到影響，顯得較不服從，或使性子不肯跑動。騎士與馬要建立相當的默契，才能發揮最大的效用。不但像圖1-59要有專屬的馬夫，貴族們還得時時垂顧，親自餵食，與馬建立感情，才能發揮最大的效果。

圖 1-61
白衣彩繪或上釉瓦陶馬俑，最高 55.5 公分。北魏至唐代，（左）西元六世紀早期（右）西元七世紀（中）八世紀早期。

中國馬的身高比較低矮，只堪拉曳重物，不能作快速的奔跑。馬一旦成為必要的軍備，就不能不設法改良品種。從文獻中知道中國很早就向游牧民族索求優良的馬種。如西周孝王時西戎來獻馬，夷王時伐太原之戎而獲馬千匹等。最著名的是漢武帝於西元前一〇四年，派遣大軍向大宛索求種馬。前後費了三年的時間，無數的生命與財物，才完成得到大宛種馬的願望。利用西域

圖 1-63
藍釉陶驢，高 23.5 公分，長 26.5 公分，中國歷史博物館藏。唐，西元 618～907 年。唐代的藍釉俑很難得。

圖 1-62
白陶馬，高 49 公分，長 46 公分，陝西省乾陵博物館藏。唐，西元 618～907 年。

引進的馬匹與中國的馬交配，雖然也培育了不少優異的雜種馬，但最好的馬匹還是得從西域進口。其中最精良的就被選送到京城的御廄，充當貴族們狩獵或馬球的坐騎，或在皇家御宴或節慶的時節作為賞賜臣下的禮物。

奇 qí ＝ 奇

很像是一個人騎在一匹馬背上的樣子，即騎字的初形。

第十七章

甲骨文中有關居家休閒設計的字

圖1-64　這是一組十二件的建築群中的一件。整個組件構成一座長方形的兩進院落：包括大門、堂房、後房、六廂房，以及兩院中之小亭、八角亭、假山等。釉的彩色比起一般的唐三彩更為多樣，堂屋呈藍色，門柱呈朱紅色，山峰則為草綠及赭黃色，鳥為藍綠色，池畔草綠，而亭則為赭色。

這件後院中的假山水池，背景為數座峰巒並立的高山，山巒層層疊嶂，怪石嶙峋，山峰間則青松挺拔。主峰上一隻小鳥，俯視山下，作展翅欲飛的形狀。兩邊側峰則各立一隻鳥，相向若對歌一般。山腳下有一池碧水，池底有游魚數尾。池畔又有兩隻鳥一居上一在下，引頸暢

造景逼真寫實

假山水池

圖 1-64

三彩釉瓦陶假山水池，高 18 公分，陝西西安出土。唐，約西元 700～750 年。

飲。好一幅人間休閒的仙境美景。

這組建築群的三彩陶俑在唐代同類的製作中屬於奇特、罕見的。陪葬的陶製明器戰國時代就已出現，漢代至唐代才是製造的盛期。漢代大概因為太平之世，代表階級的車輿、馬騎、武士、塔樓、軍卒儀仗等明器的數量不多。主要著力製作滿足日常生活富裕所需要，替代實用器的模型。如飲食器具及牲畜、爐灶、屋舍、田地、倉庫、畜圈、井架、杵臼、奴僕、雜戲、舞姬等等。南北朝時代北方社會動亂，武人支配政治。武人好為炫武，重視儀仗軍容，所以披甲執盾的武士、高冠寬袍的文吏等形象特為多樣。到了唐代，除了延續前期的官員儀仗外，出現了許多表現社會活動的新形象，而且雕塑得非常生動，帶有藝術創作的味道。但就是缺少日常生活用具的模型。所以屋舍的模型漢代常見而唐代則是罕見的。

人類開始時和鳥獸一樣，要借用天然的洞穴或大樹棲身。這兩種方式都不盡合人們的需求，所以當人們製造工具的手段愈來愈高明時，就開始修建自己的住屋以遮蔽風雨、以防備野獸。最先只考慮到晚上短暫休息之用，當有辦法把住處建得稍大，在裡頭生活的時間也愈來愈長時，就會規劃一塊地方用以燒飯。接著就是闢出一處較隱蔽的寢室，使內外有別。更進一步，就規劃工作之餘的休閒空間，有院落，有舒緩煩悶心情的山水、珍禽等造景。

圖 1-65
房屋俑全景圖。

小篆的「容」字：，作屋子裡有山谷，當是表達設有山石流水的大型壯觀建築物，非是一般的家居。**甲骨文有「雝」（雍）字：**，由宮、水、隹三個構件所組合，創意大致是闢有水池、養有珍禽的宮苑。又有**「囿」字：**，作一處規劃的範圍內植有眾多樹木花草之狀。卜辭有商王占問前往苑囿遊賞，以及囿裡所種植的黍是否香美，證明商代應該已有了苑囿的修建。只是目前所知這樣布局的最早例子是陝西岐山的西周早期宮殿。它是嚴格對稱的華北四合院的前身。大門是兩扇門戶式的，門前樹立一碑以遮擋門外的視線，保持院內的隱蔽。兩側則是守衛的兩塾。一進門為中庭，然後是堂。堂後是建有花園的庭院，還從外頭引進流水，通過庭院。中庭及堂的兩側是廂房，共有十九房，是住家及炊煮的地方。可以理解當時已開始注意製造庭院內有花草流水臺榭的幽雅氣氛。由此再進一步發展，就有更大的苑囿以為散步、行獵、玩樂的用途。

容 róng ＝ 容

小篆，作屋子裡有山谷，當是表達設有山石流水的大型壯觀建築物，非是一般的家居。

雝 yōng ＝ 雍

由宮、水、隹三個構件所組合，創意大致是關有水池、養有珍禽的宮苑。

囿 yòu ＝ 囿

作一處規劃的範圍內植有眾多樹木花草之狀。

精緻細膩

釉彩輝煌

貳、漆器與瓷器——精緻細膩，釉彩輝煌

第章

在漢朝，漆器比其他器物貴？

圖 2-1 這類內中放有多個各形狀小盒的圓筒形有蓋盒，是漢墓葬常見的器物，小盒子裡頭有時還發現有粉狀物、胭脂、粉撲一類婦女化妝用的東西。所以其用途很明顯就是化妝盒，人們將其特別取名為奩（ㄌㄧㄢˊ）。這件奩的蓋子幾乎與盒身等高，應是為了提高隔絕空氣的效果。南方的氣候比較溼熱，潮溼的空氣對化妝品的品質會有影響，所以大面積的緊緊扣合，有助於保持裡面空氣的乾燥。

圖 2-1 這個奩的胎體是木頭，用榫卯的技術套合，內外都塗了厚厚的漆層，外層深褐色，裡層是朱紅色。器身用四圈銀板圈住，以增加盒子的強度及兼作裝飾的效用，蓋子的直壁也同

精緻細膩的分工

金漆奩

圖 2-1
銀扣彩繪雲氣描金漆奩，奩高 23.8 公分，直徑 15 公分，安徽天長出土。西漢，約西元前 200～100 年。

樣有四圈銀板。盒蓋頂面本來不必加固的，但也配合蓋身用銀片裝飾三圈寬帶，而在中央鑲嵌四出（四片尖瓣）的柿蒂花紋。外面的漆層以紅色雲氣紋彩繪，有些地方還描上金線。奩裡的小盒子也依同樣的設計精神，仔細地裝飾著銀圈與裝飾片。漆、銀、金在漢代都是貴重的材料，足以看出這是為富貴人家所生產的商品。

漆器是相當高貴的，其製作的每個細節都不能馬虎，需要專人負責，在其他產品上，沒有見

圖 2-2

土泥胎漆妝奩及盒，最大徑 16.2 公分。西漢，約西元前 200～100 年。上有銅條加固。

過比漆器更多分工的。為了表示負責，還經常看見漆器被用針刺上工匠的名字，這是其他工藝中少見的現象。譬如一件朝鮮古樂浪郡東漢墓葬出土的漆耳杯就有如此的長銘：

「建武廿八年，蜀郡西工，造乘輿夾紵，量二升二合羹。素工回，髹工吳，漆工文，□（字不明）工建，造工忠，護工卒史旱，長汜，丞庚，掾翕，令史茂主」。

從素工到造工是實際製作的工人，護工卒史到令史是層層的監督官員。其他漆器的銘文還發現有上工、黃塗工、畫工、清工、供工等名稱。畫工是彩繪花紋的人，黃塗工是負責為銅構件鎏金的人。漢代的《鹽鐵論》有「一屏風就萬人之功」，就是形容一件漆器所要經過的人手以及耗費的時日之多。

漆可以施用在非常多種的材料之上，只要是固態的東西就可以作為胎骨，木竹、陶石、骨角、皮牙自不用說，連柔軟的布麻都可以當成容器，舉例來說：銘文裡「夾紵」這種漆器的製作方式，所使用的紵就是一種紡織的材料，其優點就是重量輕。首先，利用別的材料製作器物粗形，之後將布帛敷貼上，再上漆；因為上過漆，布帛變的可豎立固定，之後就可以把粗形拿掉。有些高大中空的塑像就是用這種辦法製作，不但經久耐用，還量輕，容易搬動。

漆器最費工的程序就是上漆。漆和其他的物質有很不同的性質，空氣愈潮溼漆層愈容易凝固，否則就容易受空氣冷熱變化的影響而膨脹爆裂。每次塗漆還要等二、三天陰乾後，才能再上一層。漢代已有建造陰溼的「陰室」以加速其乾燥的過程。有的器物塗漆厚達一、二百層，不難想見其所需要的時間，以及相應的高昂製作費用。後來，漢代政府提倡抑制奢侈的行為，特別針對漆器制訂高額的稅收，別的商品只課百分之十，漆器則要課到百分之二十五的稅，足見其珍貴。

第章 模仿稀有海螺造型的高級耳杯

圖2-3這一套耳杯與盒子的設計頗為理想，八個杯子套合起來正好可以放進盒子裡頭，既節省存放的空間，又方便攜帶。盒子是為裝杯子而設，多件的耳杯才是這件器物的主體。盒子與耳杯都是木胎，削砍成形之後塗漆以使其美觀及耐用。用便宜的木材製作物品並無法賣得高價，但是加了漆層之後，因為漆在古代是珍貴的物資，因此就轉而成為漂亮且高價的商品。古代的漆是取自漆科植物樹幹的汁液，經過脫水加工提煉，薄薄地塗在器物之上後，等溶劑蒸發了即成為薄膜，具有高度抗熱和抗酸力。漆乾燥後呈黑色而有光澤，還可以調合其他礦物或植物的染料和油，成為各種濃淡的色彩，例如在溶液裡加丹朱，就會顯現出漂亮的紅色。

丹朱塗壁漆萬華

羽觴耳杯

圖 2-3
漆耳杯與盒，長 18.5 公分，寬 15.7 公分，高 10.7 公分，湖南長沙馬王堆出土。西漢，約西元前 200～100 年。

圖 2-4

雲紋漆繪木案與杯盤，案長60.2公分，馬王堆出土。西漢早期，約西元前二世紀。

漆可以塗在各種質料之上以增加光彩，布帛、金石、骨角、藤竹、皮陶等都可以上漆，但是以木頭最為常見，效果最好，所以很多時候如果不提漆器的材料，那基本上就是指木頭。丹朱是古代貴重的礦物，鮮豔高雅的紅色是古人的最愛，所以漆器以紅、黑兩色最多，並以紅色更為珍貴。這一套的耳杯內中塗朱，在製作上比其內外皆為黑漆的套盒講究。套盒的黑漆之上尚點綴少量的紅漆裝飾，橢圓形狀的杯子裡則都用黑漆寫了「君幸酒」

三字，明顯是作為酒杯的功用。杯子旁有兩個窄長的提手，像人的兩耳，所以名之為耳杯，它也像禽鳥有兩隻翅膀，所以又名為羽觴。

器用的形制都有其原因，可能是因為使用上的要求或製作上的便利。飲酒的杯子不論古今中外，都是以圓形為主要形式。如果有不是圓形的，數量也不多，只當作是一種對於固定形式的調劑和點綴，讓生活較不枯燥而已。這種橢圓形的漆耳杯，大都只在楚地發現，但從其他質料杯子的情況來看，這種造型應該也是從戰國到兩漢時期的主要形式之一。到底為何有此特殊形狀的設計，不失為有趣的問題。

製作耳杯的材料，常見的還有陶與銅，但數量遠少於木頭。陶器主要是圓形，因為可以使用轉輪，方便製作。橢圓形的銅器雖然在製作上沒有太大困難，但仍是以圓形較多。木器的成形方法有許多種，砍削是最原始的，其次是榫卯套合，最進步的則是利用車床旋轉。耳杯的製作，基本上是採用最原始的削砍挖刻。這種需要大量製作的商品為什麼不採用最方便、最省力的方法呢？難道只是為了和圓形的碗盤有所區別？

很多陶耳杯的杯內用赭土塗成紅色，顯然是仿漆器的明器。會不會漆木杯也是基於類似的原因，模仿其他物品而製成？筆者服務過的博物館藏有一件秦漢時代使用海螺製作的耳杯，扣合在杯兩旁的提耳是鎏金的青銅。如果海螺是不值錢的材料，就不會安裝上高貴的附件。它是從一尺多的大海螺口邊部分鋸下的，一隻大海螺只能製作一個，切割下來的形制就和漆耳杯的形狀一模一樣。大海螺是暖水域大海裡才生產的貝類，在內陸地區非常珍貴。取形於自然的東西是器物最初的形制，後來或是為了適應新材料的性質，或是為了人們思維的模式，才漸漸變形。削木為橢圓形是人為的，而海螺之所以被削割成長橢圓形是因為自然的成因，所以推測古時候的人們最初製作漆耳杯的原因，很可能是為了仿造海螺耳杯的造型。

圖 2-5
定窯畫花水波紋白釉瓷海螺，高 19.8 公分。北宋，西元 960～1127 年。

圖 2-6
海螺可能是耳杯取形的源頭。

第三章

中國何時出現天圓地方及二十八星宿的想像？

家具，最初是為方便日常生活而製作出的木製器具。可以想像定居比游牧的生活更需要家具。木是容易腐爛的物質，不能夠保存很久，所以難從地下發掘的實物中探索出中國何時開始使用家具，以及有些什麼種類、作何種形狀、用什麼樣的木料這些問題。

從日常生活中想像，因為一年的氣溫有顯著的變化，人們必須要適時更換衣著以適應，因此，首先需要的家具應該是裝衣物之類的箱櫃。最早期的箱櫃應該用整塊木頭挖刻砍製而成，後來意識到想節省木材及提高質量，那就應該要想出既省料又方便操作的辦法。距今六千多年前的浙江河姆渡遺址，出土帶有榫卯以及企口的薄木板，就是非常聰明的解決之道，至今仍有使用。

圖 2-7
朱繪二十八宿漆木衣箱，長 71 公分，寬 47 公分，高 40.5 公分，湖北隨縣出土，湖北博物館藏。戰國早期，西元前五至四世紀。

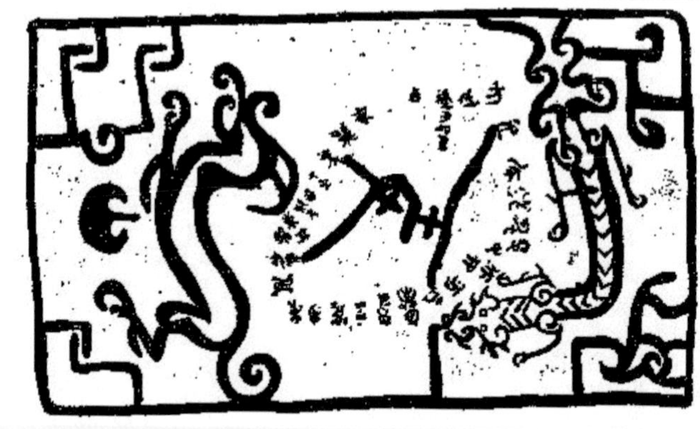

圖 2-8
圖 2-7 箱蓋圖案。

榫卯以及企口都是使木料牢固接合的方式。榫是鑿出帶有凸出的頭，而卯是鑿出孔洞的眼以承接榫頭。企口板則是在木板的兩側各鑿出企口，以容納另一塊有梯形截面的木板，緊密銜接後成為不見通縫的平面。有了這兩種技術，幾乎所有的家具都可以製作了。**商代甲骨文「貯」字：**[illegible]，作保存海貝於櫥櫃中的樣子，可以推測當時已懂得使用箱櫃。河姆渡的人們只用石與骨的工具，就能製造巧妙的木構件。商代的匠人已能使用青銅，甚至是鐵工具，其技術的精巧肯定獲得了更進一步的提高，製造的箱櫃必定更為精緻。

圖2-7這件箱子的器身與蓋子分別由整塊木料砍挖而成。蓋子呈拱圓狀，器身作長方盒形，蓋與身以子母口套合。器身與蓋子的四角均伸出短把手，把手中間還刻有淺槽，方便在扣合後用繩索捆縛。很可能甲骨文的「貯」字就是這類箱子的鳥瞰形狀，兩邊的三道短劃是伸出的把手，而非豎立的腳架或裝飾花樣。蓋子的頂兩側各鑿出一凹形的鈕足，想不出其製作的必要性，但可能是為了開啟後方便擱置，避免磨損表面彩繪的圖紋而設。這座墓葬中同形制的箱子共出土五件，其中一件刻有紫錦之衣四字，無疑是為儲存衣物的用途而造。

衣箱器內髹（ㄒㄧㄡ，以漆漆物謂之髹）紅漆，器表髹黑漆，蓋面（如圖2-8）正中朱書篆文斗字，順時針方向還以紅色漆書寫二十八宿的名稱。蓋頂兩端分別繪有青龍與白虎的形象。龍首處針刻「之匫（ㄏㄨ）」兩個字，龍尾處針刻「後匫」兩個字，研判匫就是這件器物在楚國當時的稱呼。側面也繪有卷雲紋、圓點以及動物紋。

這件衣箱在中國的天文學上具有重要的意義。中國古代把天空繁多的星星分成二十八群，名之為宿。東方七宿為角、亢、氐、房、心、箕、尾，以青龍為代表。南方七宿為井、鬼、柳、星、張、翼、軫，以朱雀為代表。西方七宿為奎、婁、胃、昂（昴）、畢、觜、參，以白虎為代表。北方七宿為斗、牛、女、虛、危、室、壁（壁），以玄武為代表。其名稱與順序與此衣箱完全

圖 2-9

黑、黃兩色彩繪漆木內棺，長250公分，寬125～127公分。戰國，西元前五至三世紀。

相同，代表東方的龍與西方的虎也一致。說明二十八宿的劃分在戰國初年已經確立，也表示當時應該有星圖的繪製，甚至作為夜間海上導航的方向指標。《淮南子・天文訓》有「天道曰圓，地道曰方，方者主幽，圓者主明」的陳述，說不定這件箱蓋作圓弧形，就是寓有天圓地方的用意。

貯 zhù ‖ 貯

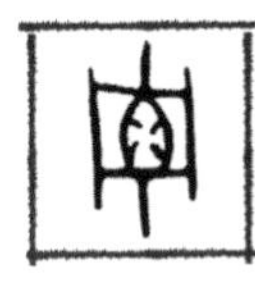

作保存海貝於櫥櫃中的樣子。

第四章

甲骨文「樂」表現的是什麼音樂？

圖 2-10 這件文物的部分零件已經遺失，但從端部四個可以轉動的鈕，以及長寬的形制來看，可以肯定這是一架彈奏弦樂的瑟。這件瑟的主體由整塊木頭雕成，背後有鏤空的音箱。通體六面都漆上黑色底漆，在不干擾安弦線的地方，鏤刻龍、蛇、鳳鳥等圖案，並加上紅色的彩繪花紋。在古代，這是權貴者才能擁有的高級製品。

弦樂是利用弦線震動而發出聲響的樂器。早在三、四萬

士無故不撤琴瑟
弦樂定音

圖 2-10
雕刻漆繪木瑟，長 167.3 公分，首寬 42.2 公分，尾寬 38.5 公分，中高 13.7 公分，湖北省博物館藏。戰國，西元前 403～221 年。

年前，人們就可能因為使用弓箭而對弦線震動的聲音感到熟悉。弦的音調因為材料、張弛、粗細等的差別而有異，古人因此能感覺到不同音調的弦聲並加以利用，所以一般認定弦樂的起源比較早，且有伏羲作五十弦瑟，或黃帝使素女鼓瑟，哀不自勝，乃破壞而為二十五弦等等的傳說。但是從各出土遺址來看，目前沒有找到早過春秋時代的弦樂器，猜測是因為木頭不能長久保存於地下，所以不見於遺址；但文獻中有確實提到弦樂的記載，其時期也不早於西周。

甲骨文的「樂」字：，作木上有兩條弦線之狀。看來像是表現弦樂的樣子。但是甲骨卜辭中「樂」字還未見於被使用在有關音樂的場合。**西周金文的「樂」字：**，則在兩弦之間多了一個白字。白字是大拇指的形象，或以為白字是一個琴撥形，用以表示用手彈奏的方式。如果弓是弦樂的前身，以手撥彈演奏應是最自然的。但是早期文獻都以鼓字描寫弦樂演奏的動作，如《詩經．常棣》：「妻子好合，如鼓瑟琴。」如果樂字確實以弦樂創意，則金文的字形大概是在表現以拇指按弦，同時用另一手敲打出聲響的樣子。以手指或用琴撥撥彈則是比較晚才出現的技法。

漢代的瑟以二十五根弦最為常見，在瑟上布置成中央七弦，上下各九弦，每弦能夠彈奏一個音調。為了演奏的方便，特意使上下組的弦同音調，所以總共為十六個音調。弦線用數股細線絞成，粗細不等，再以可移動的弦柱安排弦線的距離，使長度遞減，好能彈奏出井然有序的音調。後來更利用弦線發聲的規律，在不同的地方按弦而使一根弦能彈出不同的音調，減少弦數的安裝。

弦樂可能因聲響不宏亮，而對早期社會來說不太實用，所以發展較遲。《呂氏春秋．侈樂》

圖 2-11
錦瑟巫師戲蛇紋殘片，殘長 11.5 公分，殘寬 7.2 公分，河南省文物考古研究所藏。戰國，西元前 403～221 年，木胎，瑟首部分巫師頭戴鳥形冠，張口做咆哮狀，似鳥爪的雙手各持一蛇，其前後各有一急奔的細腰女人。

說商紂：「作為侈樂，大鼓鐘、磬、管、簫之音，以鉅為美，以眾為觀。」其中就沒有提到弦樂。但是後來弦樂逐漸受到重視，《禮記．曲禮》有「士無故不撤琴瑟」，琴瑟成為士人必修的技藝，也是最高尚的樂器，而有「雅琴者，樂之統也，與八音並行」的評價。

音樂需多音程才能成調而悅耳。只有管樂與弦樂能夠由一件樂器發出多個音程。管樂的發音與管的長度、直徑同時受到影響，要經過複雜管徑的校正計算，才能得出一定間隔而定出有規律的音階。管徑如果不正圓，發音更不準，對古人來說，製作管樂器調整音調相當不容易。弦

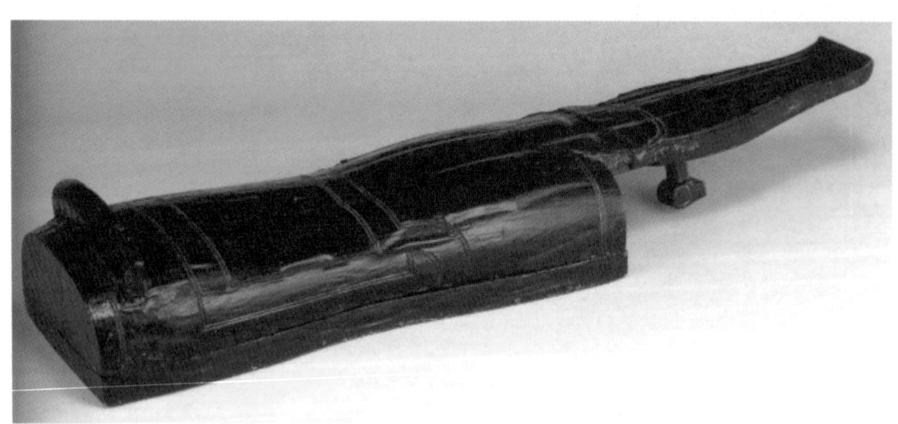

圖 2-12
十弦琴，長 67 公分，寬 19 公分，高 11.4 公分，湖北省博物館藏。戰國，西元前 403～221 年，木胎，由琴身和活動底板構成，琴身分音箱及尾板兩部分，首端有十個弦孔。

樂器則可以按不同的弦線間距產生不同的音高，其長度與音高之間的關係很明顯，比較容易被觀察到，也比較容易校正修改。弦樂似乎是直到西周晚期才見重視。弦線長度與音高的關係可能這時才被發現。有可能是因為以弦樂來校正他種樂器的音高，才在樂團中具有領導的地位。

樂 yuè ＝ 樂

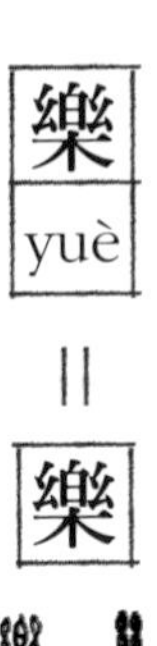

作木上有兩條弦線之狀。看來像似表現弦樂的樣子。但是此字尚未見於甲骨卜辭中有關音樂的場合。西周金文的字形，在兩弦之間多了一個白字。白字是大拇指的形象，或以為白字是一個琴撥形，用以表示用手彈奏的方式。

第五章

鼓從什麼時候開始被用來激勵士氣？

圖2-13 這是一件室內大型樂團中的鼓座，由很多件木雕的構件套合而成。整個造形是兩隻站立在老虎背上，共同背著一面大鼓，昂首高鳴的長頸大鳥。底座為兩隻背向伏臥，抬頭平視的老虎，兩虎分別雕琢而成並以榫卯固定，維持整體的穩定。兩隻鳥的頸、身、腳也是分開雕刻再套合的，鳥腿分別插入虎背的榫眼中，尾部也以榫卯相連。從羽冠的形象看，這兩隻鳥應該是鳳鳥。扁圓的鼓用絲線穿過三個均勻布置的銅環，連接於兩鳥之間。木胎塗上黑色的漆，其上還畫有紅、黃的彩繪紋樣。這個鼓架作為展示的意圖是非常明顯的，但是現在看起來卻黯淡無光，一點也不吸引人的樣子。這是由於出土後的氣候與地下原來潮溼的環境落差太大，在

前進的信號
擊鳴鼓

圖 2-13
彩繪漆木虎座鳥架懸鼓，通高 86 公分，鼓徑 38.4 公分，湖北省江陵縣博物館藏。戰國，西元前 403～221 年。

沒有來得及保護之前，大部分的漆都已經褪脫而變成現在的模樣，它原來應該是非常鮮豔美麗的，如圖 2-14 的復原。

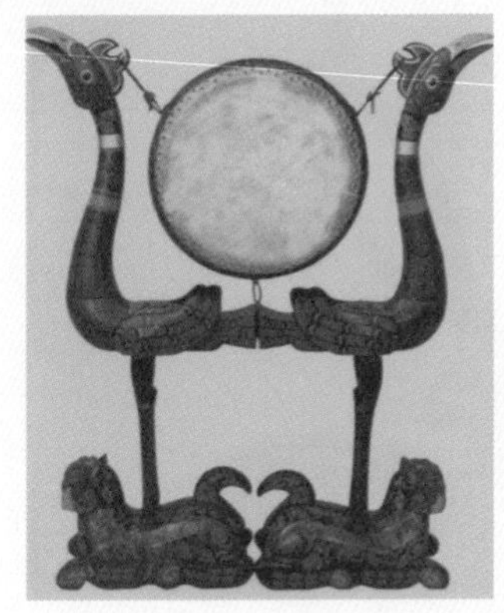

圖 2-14
虎座鳥架懸鼓漆繪復原。

圖 2-15
鹿角及漆繪木鎮墓獸，高 96 公分。東周，楚，約西元前 500～300 年。

圖 2-16
漆繪木雕梅花鹿，高 77 公分，湖北隨州曾侯乙墓。戰國早期，西元前五至四世紀。

圖 2-17
彩繪龍雲紋單頭鎮墓獸，高（未計鹿角）17.5 公分，江陵雨台山 6 號墓出土。戰國，西元前 403～221 年。

音樂可以激勵情感，是人們勞動之餘，用來幫助恢復體力、舒展心情、交歡結好的活動，而為文明社會所重視，它最先可能是出於工作或敬神的需求而發展出來的。

鐘鼓都是利用敲打中空的器物發聲的，而鼓需要蒙以皮革，製作的難度較高，應是比較晚發展的樂器。皮革很難在地下保存，只能從框架或痕跡辨認。目前出土的鼓中能確知製作時代的，最早大約為距今四千年前的甘肅半山和馬廠文化的陶鼓。商代還發現過銅鑄的鼓，其形制與甲骨文「鼓」的象形字相同。除有架子可豎立於地上外，鼓架上尚有分叉的裝飾物。**甲骨文「鼓」字：**，作手持鼓槌敲鼓狀，表現了鼓槌的一端較膨大的樣子。鼓的聲響，得自鼓體裡中空的共震效果，短促低沉而有力，**甲骨文「彭」字**作鼓之旁有三短劃：，充分表現其節奏分明的特徵。

鼓樂使用的場面可大可小。大者在千軍萬馬中，其有力的節奏震動人心，促使腳步跟著加快，是鼓舞士兵勇敢前進的好方法，所以大軍行動都有鐘鼓隨行。鐘聲遠傳，是撤退的信號；鼓聲激發士氣，是前進的信號。

古代的音樂基本上是為了祭祀或節慶等大眾的集會而設，鼓因為有節拍分明的特點，如果演奏的規模大，鼓就以聲響大又能定節拍的雙重功能而被使用。如果規模小，也能以提示節拍的特色，在合奏中有不可或缺的地位。商代時鐘與磬都還未能演奏多音程，因此以鼓與管樂為最重要。到了西周中期，能演奏多音程的編鐘與磬就成為正式樂奏的主調，管樂則因發音不宏亮，退居次位，鼓的功能則依然不變。如《詩經・彤弓》：「鐘鼓既設，一朝饗之。」《荀子・富國》：「故必將撞大鐘，擊鳴鼓，吹笙竽，彈琴瑟，以塞其耳。」到了東周時代，隨著階級界線的模糊，作為階級表徵的禮樂重器也因之愈來愈不受重視。再之後，音樂更偏重於私人敘情交歡，演奏場所不再限於廟堂，而有笨重架子的樂器難於移動，因此改以音程完備、攜帶容易的弦樂和管樂作為慶會演奏的主調，鐘、磬於此時大為衰落，但鼓還是被保留著，只是製作為方便攜帶的小型而已。

鼓 gǔ ＝ 鼓

手持鼓槌敲鼓狀，表現了鼓槌的一端較膨大的樣子。

彭 péng ＝ 彭

作鼓之旁有三短劃，充分表現其發聲節奏分明的特徵。

第六章

瓷器之國的起源

器物的命名一般依其形制與用途，圖2-18這件陶器的腹徑大於高度且有相當的深度，口徑不小，用途是裝水，一般稱為瓿。如果再深一點且有蓋，又作為裝酒使用則稱為壺。圖2-18這件瓿的器身因為是使用泥條盤築法製作，因此不很規整，所謂泥條盤築法就是把泥土搓成很多長條，一條條繞著外圍，逐漸圍成容器的形狀後再修整抹平。

圖2-18這件瓿的肩上所黏貼的一對立獸提耳是用手捏塑的，器身上裝飾的五圈連續的雲雷紋則是用陶拍連續壓印而成。這件陶瓿的胎色比紅陶的色調黑一些，質量也比較堅硬。這是西周時代東南沿海地區所盛行的生活陶器的共同特徵，這些陶器的紋飾與中原地區常見的獸面或

來自南方的珍貴商品

印紋陶

圖 2-18
勾連雲雷紋硬陶獸耳瓿，高 12.9 公分，口徑 7.9，江蘇無錫出土。西周，西元前十一至八世紀。

夔龍紋很不相同，具有地區性的特色，學界歸類這些陶器為幾何印紋硬陶，在當時的北方應該是較為高級的商品。

陶器質量的好壞，陶土的好壞比之火候更為重要，燒窯的燒結溫度可以改進，但陶土的質量就有其本身的限制。自從商代以來，南方陶器的品質一直優於北方，其根本原因就在於使用的陶土。印紋陶器比當時一般泥質或沙質的陶器更加細膩堅硬，主要是因為其原料中的三氧化二鋁較一般的陶土量高，經得起高溫的燒烤。如果含量少卻用高溫燒烤，就會導致陶坏融化而變形。燒結的溫度越高，陶土的收縮率就越大並越緻密堅硬且耐用。至於硬陶的呈色比較深的原因是因胎土裡所含的三氧化二鐵較豐富，微量的鐵在氧化氣氛裡的呈色是紅色，在還原氣氛中就呈灰色。印紋硬陶因為含鐵量特別高，所以呈色就以黑褐的色調為主，還有紫褐色、紅褐色、灰褐色、黃褐色等色彩。根據測定，硬陶色澤越黑的燒結溫度越高，質量也越堅緻。少數的器物表面還顯現有因受窯內高溫影響而成的光澤，就像施了一層薄薄的釉彩。

考古發掘指出江西築衛城遺址出現過硬陶片，經過碳十四年代測定，距今已有四千年左右。三千多年前商代的印紋陶多見於長江中下游地區，少量出現在黃河中下游的印紋陶可能都是進口自南方。西周時代是印紋陶的發展期，此後可能配合釉彩的使用，就逐步改良轉化而成青瓷。

青瓷之前的有釉陶器稱為原始瓷器。原始瓷器和印紋硬陶的主要差別只是在於有無施釉彩。這些陶器的胎體成分不但相同，商周時期也往往同見於一個遺址。成形的方法主要是泥條盤築法，也大都燒製為貯盛容器。到了春秋晚期，這兩種陶器的功能才有顯著的不同，不上釉的硬陶主要作為貯盛器，而上釉彩的原始瓷器，大概因器表光澤滑潤，就多作為飲食的用器。

圖 2-19
幾何印紋灰陶罐，高 9 公分，口徑 11.5 公分，江蘇青浦出土。春秋，約西元前六至五世紀。

圖 2-20
灰褐色夾砂雙耳陶罐，高 12.9 公分，口徑 6.6 公分，底徑 6.2 公分，雲南德納出土。春秋時代，西元前八至五世紀。

瓷器的基本條件是胎體的質地潔白，燒結溫度高，又上有釉彩。陶器轉化為瓷器的關鍵是在胎體的質量，而不是火候的高低。有辦法讓陶土中的氧化鋁提高、氧化鐵降低，胎體自然就可以接受更高的燒結溫度，呈色也必然較白，且質地更緻密，不吸收水分、擊之就會發出清脆的金石聲。浙江上虞地區首先成功燒造青瓷，該地特殊的陶土資源是其能拔得頭籌的主要原因。中國能博得瓷器之國的美名，南方貢獻良多。

第章

中國陶瓷史上最重要的一頁：釉陶的開始

圖2-21　這件大口、高頸、肩腹界線分明、深腹平底的裝水酒陶尊，造型簡單，很難給予人太多的美感，卻在中國陶瓷史上有著重要的地位，因為它是最早的有釉陶器之一。釉彩是陶器成為瓷的重要條件，這件酒器除了在肩部壓印蓆子紋與腹部條紋外，在器表全部及口部內緣，都特別塗上一層薑黃色的薄釉。有幾處釉層聚積比較厚而呈現深綠色，略有缺陷。

釉是附在陶器表面的薄層玻璃質，因為所含礦物質與量的不同而有透明及各種顏色的差異。人們在距今一萬五千年前就開始燒造陶器，到了三千多年前才因偶然的因素而領悟到釉彩的生成原理，但要到西元二世紀東漢生產青瓷時，才開始注重釉的使用，此後的陶器就很少不

原始瓷器

從草灰中發現的輝煌

圖 2-21
黃綠釉壓印蓆紋陶尊，高 27 公分，口徑 27 公分，鄭州出土。商中期，西元前 1500～1400 年。

使用釉彩裝飾了。

從商代到漢代偶爾會發現陶器的器內底部不必上釉的地方有釉彩的殘跡，外表卻無施用釉彩，可以推測成因是因為作為燃料的草灰（含鈣）偶然飛落在陶器內，最後燒出顏色晶瑩的表層，並不是人們有意燒造的。由之可以猜測，這種有顏色的晶瑩表層引起了人們的注意，從而發現是草灰所造成，更進而從事實驗證，將草灰溶解於水中並塗抹在器物的表面，形成了鈣質玻璃化的施釉效果。

釉彩的呈色得自所含的鐵受到氧化的結果，在氧化焰中燒製的為黃綠色，比較容易脫落；在還原焰中燒製的呈青灰色，釉層較薄但是比較均勻。釉層不但可以使陶器表面美麗光滑，也更不容易滲水，相當實用。以草灰製造而成的釉層，可能經常會聚而不散，導致陶器的釉層厚薄不均，表面零落斑點，看起來像麻子一般，並不是很理想。可能因為這個原因，以草灰燒製成釉層的成品並不多。人們漸漸改進技術，嘗試使用石灰石輾成粉末，

圖 2-22

高 10.5 公分，安徽出土。安徽省博物館藏。西周中後期，西元前 950～771 年。胎質為高嶺土。圈足地方不施釉彩，器內卻全面施釉。

圖 2-23

圈棱紋青黃釉陶壺，高 14 公分，重 0.6 公斤，安徽屯溪出土。西周，西元前十一至八世紀。燒成溫度不高，質鬆軟，釉彩不均勻。

圖 2-24
早期高溫釉陶：（右）草灰釉硬陶罐，（左）青瓷硬陶虎子（尿壺）。最高 40.7 公分。漢晉時代，西元前一世紀至西元四世紀前半。

加以適度的黏土配製釉料，這種方式燒成的釉彩叫石灰釉。石灰釉也有它的毛病，因為這種釉的流動性太快，如果在陶器的整個表面都塗上這種釉料，玻璃質的釉彩會沿著器表流下而黏在地上，強制剝取就會損害器物的完整，所以器物的底部一定要留下相當的空間，免得釉彩與地面膠結。釉陶的生產到了戰國時代逐漸增加，施釉的技術也得到改進。到了東漢時期，浙江地區的陶匠把大部分的缺點都克服了，生產出釉色穩定、流釉慢的成品，因為釉色泛青，所以名之為青瓷。這時雖然開始大量製作日用器，但仍是屬於價格高貴的製品。

中國人和西洋人對於瓷的定義有些不同。中國文物界大致上把有施釉的陶器都稱之為瓷，所以稱商代的釉陶為原始瓷器。但是西洋對瓷的定義比較嚴格，胎體堅硬的浙江青瓷，英文叫celadon，認為只屬於硬陶。還要等把器胎的含鐵量降到更少，燒結的溫度也提高到攝氏一千三百度，呈色潔白，滲水率很低，胎質很堅實，叩之聲音悅耳，這樣才算是真正的瓷器porcelain。中國在第九世紀後期終於最先燒製出符合於嚴格標準的真正瓷器，並搏得China的美名。

第八章

飲酒作樂，同時也要長生求仙

漢代的溫酒器與前代的有一些不同變化。商代的爵、斝都有支腳，直接在器下生火溫熱。西周之後，流行把酒壺放在盤或鑑中以熱水慢慢加溫。《楚辭》的〈招魂〉與〈大招〉篇都提到夏日凍飲，凍飲要使用冰塊，就得使用容器，可能因此才改使用盤、鑑的方式。沒有蓋子的容器散失溫度快，酒要盡快飲用。如果有蓋子，就不必急著飲用。漢代的溫酒器既然普遍有蓋子，似乎暗示著飲宴的時間比之以前更為長久，以致於要變更溫酒器的形制。

寄託人們的快樂希望
祥瑞溫酒樽

圖 2-25

黃釉陶尊，通高 22.2 公分，口徑 18.3 公分，內蒙包頭出土，包頭市文物管理所藏。東漢，西元 26～220 年。

圖 2-26

浮雕祥瑞禽獸紋鎏金銅酒樽，高 25 公分，口徑 23 公分，山西右玉出土，山西省博物館藏。西漢，西元前 206～24 年。

圖 2-25 這件陶器呈圓筒形，腹壁近乎直線，平底，有三熊足。蓋子作淺圓錐形。這種器形因為和婦女使用的梳妝漆木奩形近，因此有時也被稱為奩（ㄌㄧㄢˊ）。目前普遍名之為溫酒樽，取名的原因是因為已發現了好多件與這一件同形的銅器，如圖 2-26 的銅酒樽，不但器形相似，裝飾的紋樣也差不多，其上就有「中陵胡傳銅溫酒樽，重廿四斤，河平三年造」的銘文，自然對這種器物的用途不用懷疑。這種器形也和同時代的某些薰香爐相近，但香爐的尺寸比溫酒樽小得多，而且蓋子都有透氣的穿孔，以便煙氣逸出。銅溫酒樽的腹部兩側通常都有鋪首（一種獸面紋樣）銜環以方便提攜，陶質的銜環可能不夠堅固，所以陶溫酒樽就不設銜環，或只是堆貼象徵性的圖樣而已。

這一件溫酒樽的質料是泥質陶，器身上施黃釉，覆蓋了胎體的顏色，但不知為何蓋與器顏色並不相配，蓋子不施釉彩，顯露出胎體的紅色，除此之外，蓋上還有幾處有黃釉彩的殘塊，推測製作圖 2-25 這件酒樽的時代還屬於原始瓷器的階段。釉彩首先見於商代，最先是草灰掉落在陶坏上融化造成的。因為釉彩有光澤又有顏色，比沒有上釉彩的器物美麗，陶工匠就有意焚燒草灰溶於水中，再塗在陶胎上，後來改良以石灰石燒釉，這些上釉的陶器就被稱為原始瓷器。

釉彩之所以有光澤是其中所含的硅遇熱而玻璃化了，其顏色則由於釉料含有鐵質，在氧化

圖 2-27
釉陶尊，高 14.5 公分，鄭州出土，商晚，西元前 1400～1100 年。

圖 2-28
青褐釉原始瓷尊，高 28 公分，口徑 27 公分，鄭州出土，鄭州市博物館藏。商中期，西元前十六至十四世紀。

氣氛中呈青黃色，在還原氣氛中呈青色。這一件絕大部分為青黃色，少數地方呈青色，那是控制不善，技術不成熟的現象。戰國時代的原始瓷器，釉彩常常會收縮凝聚而成為麻點的樣子，這一件完全沒有這樣的缺點，是快要進入青瓷的階段了。青瓷的作品，釉色純淨而瑩潤，胎質也更堅緻耐用。

這組陶器上的裝飾內容可算是漢代以及南北朝所特有，蓋子作眾多的峰巒形，沒有博山式薰香爐的蓋子那麼高尖，應是器物的功用不同。圓筒形的器身在器口與底座各有一圈高低不等的重重山巒。山巒之間裝飾滿滿的各種浮雕，內容都是和神仙有關的，共有二十九種，四十七個圖樣。一般的圖案以祥瑞禽獸為主，諸如龍鳳、虎豹、牛羊、鹿駝、狐兔、禽鳥、怪獸等，這件酒樽還包括西王母、牛首人身、雞首人身、搗藥玉兔、后羿、三足烏、九尾狐等等神話中的人物。這時代的人希望往生快樂，常以神仙及祥瑞禽獸所居住的高山裝飾器物。這件樽的圖案層次雖然雜亂，但內容豐富，極有看頭。

圖 2-29

青綠釉壓印蓆紋陶尊，高 11.5 公分，口徑 18.3 公分，鄭州出土。商中期，西元前 1500～1400 年。部分有釉彩。

第九章 蘊含神道思想的華麗骨灰罐

蓋子的主要作用是防止容器裡頭的東西變質，包括變味、變溫、髒汙等等。但是圖 2-30 這件陶罐的蓋子，不但高度與罐子幾乎等高，還費心地捏塑、堆砌繁多的立體形象，顯然意在展示，不會是日常使用的器物。這一類容器的容量都差不多，是作為某種特殊用途的器物。它出現於盛行佛教的時代。佛教提倡火化，應該是裝骨灰使用的，所以可以稱之為骨灰罐。也有稱為魂瓶或喪葬罐的。但不宜稱之為穀倉罐，因為裝糧食的罐子不應該有如此喧賓奪主的繁縟裝飾。從蓋子上的景象，令人聯想起漢代的隨葬明器陶塔樓。塔樓具有神仙思想，所以這個罐子也具有神道的意義而應為骨灰罐。

死後的去處
魂罐

圖 2-30
青釉瓦陶樓闕人物罐，高 46.6 公分，浙江紹興出土，浙江省博物館藏。西晉，西元 265～316 年。

蓋子呈現的景象是下大上小的三層樓閣。第一層為門柱有雕鏤的敞開大門樓，從圖片看，前後貫通。大門兩側有雙闕，表明規模是豪族的莊園。第二層除了四面都有門戶的主樓外，四角落各有一座碉堡或看樓。第三層則有小而低的閣樓。第二與第三層的屋頂都作四坡斜頂的形式，覆蓋板瓦，屋脊也有鴟尾一類的裝飾。第一與第二層共有十八個雙手撫胸站立或屈膝跪坐的人分散在四周，很可能是服侍的僕人與守衛。罐子的腹部貼有模印的武士及奔獸等形象，應該是表達遊獵的活動，這是求仙思想的常見場景。

這個罐子的外表塗了一層泛青色的釉彩，屬於石灰釉。東漢晚期浙江地區成功的以還原焰燒造了釉層均勻、釉色穩定的高溫釉陶，學者稱之為青瓷。這種釉陶不容易褪色，耐用而且無毒性，適宜製造日用的食器。不像低溫的綠鉛釉，顏色雖然豔麗，但所含的鉛有害人體，不宜燒造食用器。一直到五代，浙江地區燒造的青瓷日用器具始終保持著領先的地位。到了唐代，因為燒窯所在的餘姚、上虞、紹興一帶屬於越州管轄，因此就稱呼此期的成品為越州窯或越窯。

這種有樓閣人物堆砌的罐子只流行於三國、西晉時期，以後就流行塔式的罐子，可能是因為中國受到佛教的影響愈來愈大，本土味道就愈來愈淡。中國很早就有死後有靈魂的思想，東

圖 2-32
青釉雞籠，高 5 公分，長 9 公分，寬 6.5 公分。西晉，西元 265～316 年。

圖 2-31
青釉銜環雙繫罐，高 23.8 公分，口徑 21.4 公分，底徑 13.7 公分。西晉，西元 265～316 年。

周開始有求仙以祈長生的行為，並且認定神仙生活於崇山峻嶺的處所。到了漢代，求仙更為盛行，貴族有蓋高臺或高樓以接近神仙的習慣；表現於文物，則有山巒狩獵、羽人、騎飛馬、塔樓等的裝飾圖案。中國人接觸佛教文化的初期，以固有的觀念來認識佛教，希望也透過佛的神力來取得福佑及永生。魏晉時代接受佛教的時間尚不久，千年來的信念還根深蒂固，所以雖然接受佛教死後火化的新信仰，但放魂、往生的習俗一時還扔不掉，所以同時以高樓、狩獵的紋飾來順應風俗，甚至書寫道教的符咒在上頭。到了唐代，信仰佛教已有相當的時日，固有的求仙觀念早已淡化，所以就不見這種形式的骨灰罐了。

圖 2-33
青釉瓦陶鷹形雙耳壺，高 17 公分，江蘇省南京市博物館藏。西晉，西元 265～316 年。

圖 2-34
青釉瓦陶神獸尊，高 27.9 公分。西晉，西元 265～316 年。

圖 2-35
青釉羊頭雙繫柄壺，高 23.8 公分，口徑 21.4 公分，底徑 13.7 公分。東晉，西元 317～420 年。褐彩的氧化鐵沒有完全還原，顯現黑褐色斑。羊眼加上褐斑，增加形象的活力。一般多見雞頭，少見羊頭。

圖 2-36
越窯線刻青瓷熊形器座，高 7.8 公分。西晉，西元 265～316 年。

圖 2-37
長沙窯褐彩人物貼花壺，高 16.3 公分，腹徑 13 公分，湖南省博物館藏。唐，約西元 700～900 年。

圖 2-38
青釉下刻花綠彩四繫罐，高 23.5 公分，河南省博物館藏。北齊，西元 550～577 年。

圖 2-39
帶蓋青綠釉陶壺，高 40 公分，太原婁叡墓出土。北齊，西元 550～577 年。

圖 2-40
青釉堆砌六繫尊，高 67 公分，口徑 19 公分，足徑 20 公分。北齊，西元 550～577 年。

圖 2-41
貼花裝飾的透明釉硬陶，最高 37.7 公分。唐代，西元七世紀。

圖 2-42 這個蓋罐的腹部作上寬下小平底的形狀，短頸，淺盤口。裝飾繁縟，有堆砌以及褐黑色彩繪。蓋子堆貼一隻鸞鳥以為鈕，周圍彩繪好幾組花紋。器肩貼塑兩個尾作菩提葉狀，雙頭共命鳥的繫紐。兩紐間各貼兩個鋪首以及一個佛，排列整齊有序。佛陀像頭作螺髻，背光，趺坐在雙獅蓮花座上。頸部塗繪七隻異獸。肩部在堆貼的圖案間，插繪飄動的草紋。腹部勾勒持使節的羽人，上層十一人，下層十人，兩兩相對，高低交錯。最底部繪有一周仰蓮紋。甚至蓋內及盤口內外也都繪有花紋。圖案充滿神仙的怪異氣氛。

陶胎的質灰白，通體施青黃色的釉彩。這個罐子在早期的釉陶器裡非常有名，因為使用了

信仰的融合

神道與佛道兼具的骨灰罐

圖 2-42

青釉下鐵繪褐彩羽人紋雙耳瓦陶蓋壺，高 32.1 公分，口徑 12.6 公分，腹徑 31.2 公分，底徑 13.6 公分，南京市博物館藏。三國吳，西元 222～280 年。

釉下彩繪，一種宋代以後才流行的裝飾手法。新石器時代用礦物顏料在胎體上彩繪。商代之後曉得燒製單色的釉彩器物。這件罐子用含鐵的顏料在胎上塗繪上圖案，然後再覆蓋一層釉料後入窯燒烘。這樣，釉彩的顏色和釉下圖案的顏色就有可能不同。這一件，釉彩是青黃色，圖案是褐黑色。在古人喜好多彩的習慣下，這種產品應該受到廣泛歡迎的。但是卻不見繼續燒造，直到宋代磁州窯用這種手法生產民用陶器才受到歡迎，元代改用以鈷彩繪，成功燒成釉下青花瓷，才成為重要的裝飾手法。為什麼之前不受歡迎的東西而後來成功呢，這應該和胎質與釉彩都有關係。早期的陶土都含微量的鐵，燒成後都有點顏色，釉料也含有鐵，依鐵成分的多少，呈色就從青黃到褐黑不等，彩繪的顏色肯定會受到胎色與釉色的影響，成果可能不理想，就像這一件，看起來有點髒亂的感覺。北方的陶工就設法減少胎體與釉料中的鐵質，終於燒出透明釉的白瓷。

這個罐子的圖案兼有傳統的神道與外來的佛教思想，從容量與器形來看，大致是裝骨灰用的。佛教倡導火葬的考量可能在於表達不留戀人間的富貴，同時帶有不浪費土地的經濟動機。處理死人的方式在中國經過好幾種變化。遠古的人們不了解死與生之間的生理現象，也不明白懷孕的真正原因。見到有生有死，容易想像死生是持續的過程。看到皮膚破裂流血過多會死

圖 2-43
長沙窯釉下彩花鳥壺，高 22.7 公分，口徑 11 公分。唐，西元 618～907 年。

圖 2-44
長沙窯青釉褐斑貼花壺，高 22.5 公分，口徑 10 公分。唐，西元 618～907 年。

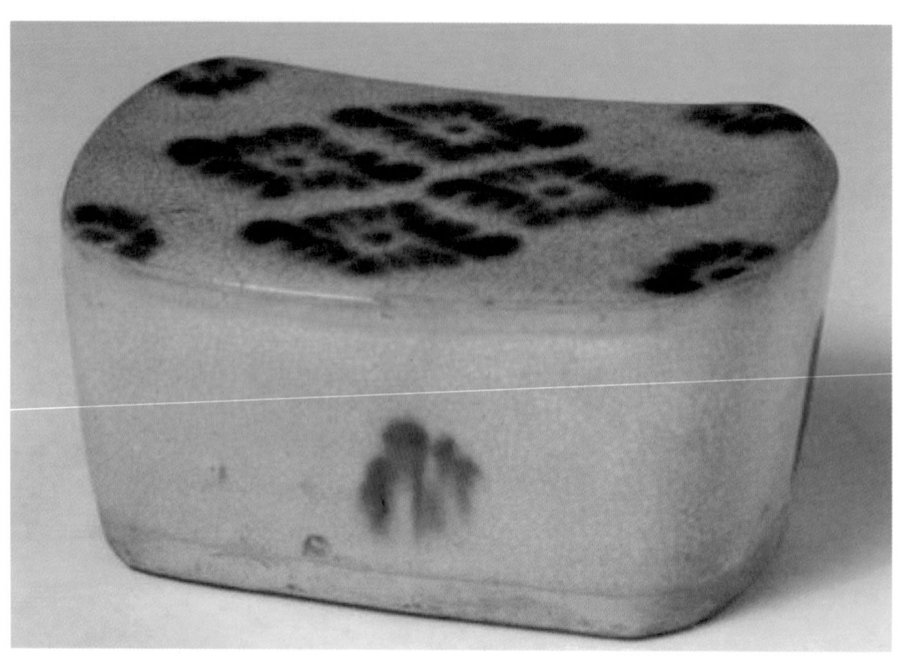

圖 2-45
長沙窯白釉下彩繪綠花瓷枕，高 9.5 公分，長 16.5 公分，寬 10 公分。唐，西元 618～907 年。

亡，導致人們相信要獲得新生命就得讓血液破體而出，靈魂才可以隨著血液逸出體外，重新投胎做人。同時，醫學不發達，壽命不長久，病痛讓人難受，因此有打死老人使早日超生的習俗。後來不忍親自動手，就把老人送到荒山野郊外，讓野獸去執行放魂的工作。後來又改變於死後才丟棄於荒野。《墨子・節葬》「楚之南有炎人國者，其親戚死，朽其肉而棄之，然後埋其骨，乃

圖 2-46
圖 2-45 長沙窯白釉下彩繪綠花瓷枕枕面。

成為孝子。」所說的就是這種習俗。後來又不忍見到尸體受蠅蚋摧殘的心境，才改良成為埋葬。既有埋葬的行為，就加深了神靈的觀念，隨葬物愈來愈多，以便帶去來生使用。漢代甚至用木炭、白泥膏密封棺材，意在使屍骨不化。佛教於東漢傳入後，一反當代極力保護屍體的觀念，採用火焚的方式，冥合古代的思想。

清靜光明

參、信仰與祈求——莊嚴寶像，清靜光明

第一章

有關佛陀生平的造像

造像碑是佛教傳進中國以後才形成的一種文物。是信眾為了表現他們虔誠的信仰，希望藉助偉大的神力禳除病痛、讓死去的親人往生極樂世界，或為活著的官長與親友祈福以儲積功德，以求來生的福報，所以奉獻錢財以雕造佛像供大眾崇拜。造像高大的為「碑」，小的才二、三十公分高為「石」。這些碑石大都雕刻有題記，說明造碑者的心願。圖 3-1 這座碑在右窄邊的上方，有如下的刻銘：「（殘缺）九月甲申朔，廿三日丙午日，合邑五十四人造石象一區。上為國主萬歲、佰官、先人（可能刻堂字未完成而再刻人字），下為四邑子，道心眷顧，至元退轉，直領密啼，一時成佛。」雖然紀年的部分適在殘缺處，但根據造像的形式與人物的

奉獻錢財儲積功德
佛教造像碑

圖 3-1
灰沙岩佛教造像碑（離城大碑），高 224.8 公分，現藏加拿大皇家安大略博物館。北魏，西元 523 年。

風格，以及九月的朔日為甲申等細節，推測年代為北魏孝明帝正光四年，西元五二三年。

南北朝時期的造像碑大都以佛陀悟道以後的形象，或加上菩薩與弟子圍繞身旁為主題，很少表現未成佛以前的形象。但是這件碑卻珍貴地留下了佛陀青年時期的生活片段，碑正面上半部的主題是悉達多王子（釋迦牟尼的俗名）離京城去求道的故事。

佛陀相傳為今日尼泊爾南部，古印度北部迦毗羅衛國的淨飯王太子，母親因生產佛陀而死亡，由母妹養育。因為有王子會出家的預言，父親供給他極為享樂的生活，以免他厭世。十七歲結婚，生有一子。二十九歲時終於不免接觸到生老病死的煩惱，因此想偷偷離家去尋訪神仙求道。為了防止馬蹄聲響會吵醒國人而被阻礙出城，便有兩個飛天舉起馬蹄將之托離京城。圖3-1的這個碑就是以此故事為主題，故命名這件碑為「離城大碑」。或因碑上所記出資者大都姓張，所以也稱「張氏造像碑」。

故事發生在印度，圖像的表現卻是中國的風格。最明顯的是建築的形象，遠處正中央的宮殿群，兩旁延展的圍牆間錯落的四座廂房及入口的兩扇大門，其屋頂都作覆蓋瓦片並有鴟尾的形式。大門兩旁的列戟是中國官廳所特有，說明此建築是官家的所在，襯托出乘馬的人是王子的身分。

碑文點明共同出資雕造的人共有五十四個，但碑上雕刻穿袍的善士卻有五十七個，提到的名字更多。最大出資者的張姓象主被雕刻在背面中央最顯眼的地方，他在屋中，手拿著半月形的酒杯，前有僕人持酒瓶在服侍，屋外還有侍從分別手拿著傘與扇。其他較不重要的出資者就被擠壓成排地站立在較不重要的地點。

石碑正面下半的造像是常見的三尊形式，釋迦牟尼坐在中間的高座上，兩旁為側身站立在束腰形臺上的脅侍菩薩。整座碑的主題是來自印度的佛教，表現的手法卻是中國的傳統風格。在當時那個華夷雜處的時代，混合中國傳統與異族新鮮事物的表現手法，反映於生活的各個方面，如胡族使用源自中國死亡觀念的承棺石架，漢族使用游牧民族皮囊形狀的陶器等。它們都豐富了中國藝術的內容，形成包容的民族性格。

圖 3-2
佛陀及菩薩造像石，高 62.6 公分，長 47 公分。隋，西元 589～618 年。

第章

睡眠和死亡：「床」的眞正功能

從考古發掘，得知圖 3-3 這件由十一塊青石構成的石屏是放置棺材用的。魏晉南北朝時期常見沒有圍屏而只有下面的石架，也是做成有支腳的形式。這件石屏的床榻四腿線刻力士承托圖，後屏有浮雕及彩繪樂舞、狩獵、居家宴飲、友好交往、野宴商旅等圖樣。右屏及左屏則有宴飲、狩獵、出行等圖畫。這件石圍屏的紋飾生動，雕工也非常精美，堪稱精品。但是不知何故，石屏不見遺骨。墓中甬道有發現人骨，

永久安眠的地方
承棺石屏

圖 3-3
貼金浮雕彩繪石屏，長 228 公分，寬 103 公分，高 117 公分，陝西西安出土。大象元年，西元 579 年。

但可能不是墓主人的。

這個時期的石棺床雖然常見於外族統治的北方墓葬，但它應該源自於漢族的習俗。其上的圖樣，如圖 3-3 這一件，除了承托的力士以外，其他全帶西洋風味。有些則具濃厚的中國味道，如一件北齊承棺石，最上排是來自印度佛教藝術的蓮花花邊，主題的龍、鳥、神獸共咬著一條橫長的寬帶，則承續了中國青銅器時代的紋飾。支架上的兩個戎裝武士、人面獸身蹲坐的神獸、高蜷背髦的獅頭避邪。其形象與南方的隨葬陶俑非常形似。這些現象反映當時人們混雜的中西宗教信仰。

明瞭中國的死亡儀式，才會理解何以石棺床會大費手腳做成有支腳的形式。一般人以為床本來就是為平常人睡覺而設的，但這是不正確的想法。**甲骨文的「疾」字：**，作一人躺臥在有短腳的床上，而**「宿」字：**，則作一人躺臥在薦上的樣子，差別只在寢具而已。表明三千多年前，人們對於薦子與床已有習慣性的各別用途。睡眠使用薦子，臥病則在床上，一眼就明白其各自的意義，並依據以創字。

到春秋時代，包括貴族在內，平常睡在地上，睡在床上就表示有特殊的情況。臺灣以前的建築是屬於干欄形式的，人們睡於高出地面的鋪板上。但是當有人病危時，就得將病人從鋪板的床房移到正廳臨時鋪設的床上，稱為搬鋪或徙鋪。以前的人們認為在鋪板上死亡，冥魂將被吊在半空中不能超度而前來騷擾親人。有時來不及製作，還會拆下門板以充當床。人要死在臨時架設的床上才合於禮節的習慣，起碼可以上溯到孔子的時代。所以棺材也做成中間有隔板，隔板下有支腳如圖 3-4 湖北江陵九店東周墓，一如甲骨文疾字的床形。

生病並不一定會導致死亡，何以商代的文字會反映一生了病，就要考慮到喪事而讓病人睡在床上呢？我想它與古代的醫療水平有關。對於致病原因不明的內科疾病，商代還是沒有多少

圖 3-4
湖北江陵九店東周墓，槨內木棺的側面與正面。

圖 3-5
貼金浮雕彩繪石屏，左側，長93公分，高68公分，厚8公分，三幅以榫卯相接，有車馬出行、狩獵、野宴圖。西元579年。

有效的辦法。主要對策是向神靈祈禱或祭祀以求解救，病死的機率很高。因此一旦得了病，就得作最壞的打算，把病人放到可以移動的板床，搬到適當的地點，以備萬一不幸時刻的來臨，可以死得其所。但是西周後期以後，藥物已發展到可以延長病期，甚至有痊愈的可能。病人習慣於長期睡在病床上，不嫌棄其為

圖 3-6
承棺架。石灰石，長 210.2 公分。北齊，西元 550～577 年。

圖 3-7
浮雕彩繪槨座，魚國人，內容有關祆教禮儀。

喪具，而漸被接受成為日常的寢具。床板高於地面，不但避溼，也可以避灰塵，也許人們因此利用之以為坐息。到了東周時候床已發展成可以坐臥、進食、書寫、會客的家具，為屋中最有用的常設家具。

宿 xiǔ ＝ 宿

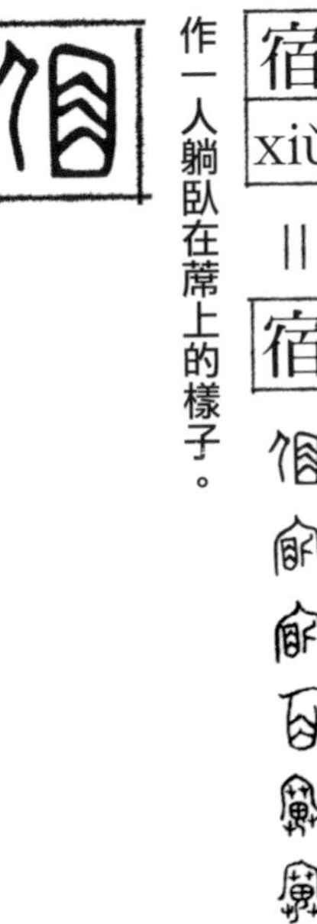

作一人躺臥在席上的樣子。

葬 zàng ＝ 葬

一個人躺臥在棺內的床上。

第三章

神佛雕像：虔誠信仰與對來生的期望

圖3-8這件白色大理石所雕的人物面孔微胖，高額平整，雙眼微張，眉毛彎而細，鼻梁端正，嘴角含笑，呈現莊嚴而慈祥的樣貌。頭髮捲曲，緊密有如聚珠，兩耳長垂。不用看衣著，已經可得知祂是西方極樂世界的主人，阿彌陀佛。祂身材適中，裡面穿裸露右肩的斜肩無領寬長袖內衣，長至腳背。外披開口在後而比內衣稍短的寬長袖長袍。內外衣袍的褶紋規整對稱，顯得輕逸而單薄。高厚的赤腳站立在蓮花瓣圍成的圓形底座上，圓形底座下又有一個刻銘文的方形座。

這雕像的石座銘文，點明此像是阿彌陀佛。兩者雖然符合，但像與座之間的結合處並不是

膜拜祈福雕刻塑像

心靈的安慰

圖 3-8
彩繪大理石阿彌陀佛立像，高 268.6 公分，現藏加拿大皇家安大略博物館。隋朝，可能於西元 587 年雕刻。

很吻合，可能原來並不是一組的。銘文還說兩旁有觀世音以及大勢至菩薩。那是早期常見的佛教三尊的安放形式。雕刻的日期正好在已風化的底座角落上，只知是某帝王的七年，原先認為祂的年代是西元五七七年，現在則比較相信祂建於隋文帝開皇七年，即西元五八七年。

這個石像的正面造形雖然看起來高大而充實，但厚度卻相當薄弱，像是緊貼在牆壁或屏座之前，只展示正面的樣子。儘管如此，平坦的背面，還是一絲不苟地表現罩袍另一端的衣緣形態，同時下邊也以浮雕的手法表現連結底座的尖葉形支撐物。背部中線在肩及腿高的地方各有一個正方形榫洞，可能是安裝龕籠或象徵佛陀釋放光芒的背光附屬物，也有可能如木雕佛像的背洞，是用以陳放供奉物的。

這件石像看起來非常潔白純淨，似乎有意以這樣來表現佛陀的博愛慈悲。其實細細觀察，衣袍上有紅色顏料和表現僧袍補釘的黑線輪廓，頭髮也有黑色顏料。比照其他同時代的大型佛陀雕像，當時應該塗有石膏粉，並加上彩繪或貼金，有可能是金碧輝煌如圖 3-9 的。這個石像殘壞的手臂有孔洞，顯然是插裝釋迦牟尼像已經遺失的用以標示手印的手掌。

阿彌陀佛是起源於印度的佛教創始人，名叫悉達多，族姓為喬達摩，佛教徒尊稱祂為釋迦牟尼，意為釋迦族的聖人。東亞的文化圈簡稱為釋迦或者釋尊，或稱為佛陀，為覺悟者的音譯。由於史料缺乏，對於佛陀生卒年代的不同推定相差超過百年之多，早的說是生於西元前五六五年。有可能釋迦的門徒們以祂的名義講道，以致各地有關祂傳道年代的記載就有些參差。

中國從商代開始就有很發達的鑄造、燒陶、骨雕等手工業，但取材以動物為多，極少以人像賦形。戰國時代稍見以人的活動為創作題材。秦漢時代雖有陶俑，但主要是以隨葬為目的，不是為了展示，所以地面上難得見到大型的雕塑。佛教傳到中國，信徒們為了膜拜祈福，期望得到來生的安樂，不惜花費，紛紛購買或捐錢鑄造、開雕可以長久展示的佛像，留下了無數鑄造或開雕的大大小小的佛像及寺塔，彌補了中國藝術上的一個人像雕刻的缺口。

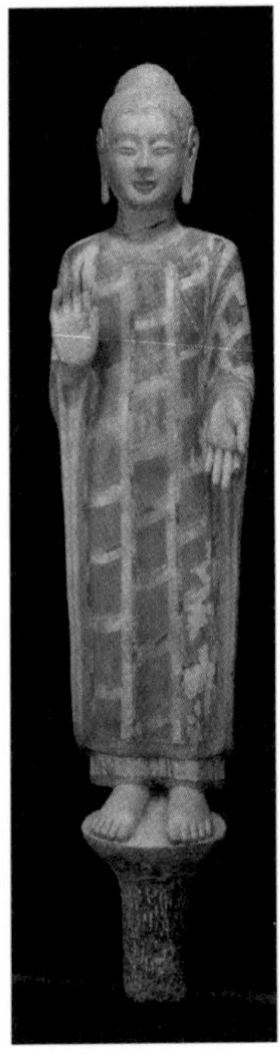

圖 3-9
北齊彩繪石雕立佛，高 97 公分，山東青州龍興寺。西元六世紀。

第四章

原來阿彌陀佛偷偷換過髮型？

圖3-10這個頭像梳高螺髻，髮絲是捲曲的，旋渦的中心點都在頭前面，一在額上，一在代表智慧的肉髻上。左耳已經損壞，右耳的耳垂長長下垂。只需這兩個特徵，就已知道他一定是得道的阿彌陀佛。眉毛纖細而極度彎曲，眼睛微張而與眉毛相距甚遠，鼻子已經損壞，嘴唇肥厚而輪廓清楚，有著非常豐滿的臉龐，致使兩嘴角擠壓出縱的溝紋，肥胖的下巴還顯露一道褶紋。這些都不是南北朝常見的形式。整個造形接近於印度美術的隱喻表現方法，風格則呈現唐代人物的明朗與豪爽的特徵，因此判斷是唐代的作品。

這個頭像原來是一個高厚的浮雕，被從耳朵後底層處剝取下來的。石頭的顏色由於塗了一

髮型演變的過程

阿彌陀佛石頭像

圖 3-10
阿彌陀佛石膏粉彩繪石灰石頭像，高 42.5 公分，加拿大皇家安大略博物館藏。唐代，西元七世紀晚期至八世紀早期。

層泥，看起來像是棕色的。但從損壞的地方，可以看出石頭的本質，與河南洛陽龍門石窟的灰色石灰石一樣。從龐大的頭部，可以想像全軀該有多大，大半是從某個依山而建的大型石窟寺所剝取下來的。兩旁應該還有脅侍菩薩，甚至還有兩位聖僧。

阿彌陀佛的髮型，在中國常見的有兩種，一是早期的，南北朝時代的直髮高螺髻式。一是後期的，隋唐之後的一粒粒鼓起好像是很多珠子聚集在一起的型式。這兩種髮式的演變是突兀而不自然的，中間應該還有一過渡型才能銜接演變的過程，它可能就是像這種為數不多的捲曲髮型。

佛教在東漢初年開始傳入中國。初期由於伴隨而來的圖像尚不多，不了解佛陀施放光芒的肉髻的由來，加上大部分中國人的頭髮是直的，也不知佛陀的頭髮是捲曲的。肉髻看起來像是中國男子的梳髮，把頭髮梳上去而打成圓髻的樣子，所以就這樣定型了。後來傳入的經卷、塑像漸多，才了解頭上和肉髻的髮絲都是捲曲的。很可能一般工匠沒有真正見過這樣的頭髮，把大的捲曲做成小的捲曲，終於變成聚珠式的佛陀特有髮型。後來可能也不了解凸出的螺形髻就是佛經中的肉髻，因此就又在頭上加了一塊光溜溜的肉髻而成了現在常見的形象。似乎在宋代還沒有這樣的形象，但十三世紀時就確立了。

圖 3-11 這件明代的佛陀頭像，和上圖 3-10 的唐代作品頗為近似而更為高大，可以想見雕造的費用更高，展示的場所更要廣大，也表明佛教在明代仍擁有相當多的信眾。這個佛陀的五官雖

圖 3-11
灰石佛陀頭像，高 61 公分，加拿大皇家安大略博物館藏。明代，西元十五至十六世紀。

然非常勻稱，但是眼、鼻、唇的雕刻細節都已經格式化了，要不是有一些佛陀特有的特徵，例如兩眉之間的白毛瘤，珠子聚集式的頭髮，以及在頭髮間的肉髻，臉孔就和其他佛教或道教的神仙沒有什麼區別。整個容貌看起來，比較呆板，也比較像中國人了。

也許這個雕像的尺寸較大，細部的形象也可以表現出來。比較小的佛像，頭髮都做成密密麻麻的光滑聚珠式，此像則可以看出每一個小髮球上絲絲的彎曲線條，展現出

圖 3-12
鎏金青銅十一面觀音（左）和釋迦牟尼（右）立像。連座最高 23.6 公分。唐代，西元八世紀。

從捲曲的頭髮演變過來的過渡歷程。這個佛頭的額前還有一個圓形的瘤，這是早期所沒有的形象。這個特徵被認為表示有特別的洞察力。後代的繪畫，此白毛所演變的肉瘤或被描畫成發出光芒。它原先應是佛陀特有的形象，後來大概作為有特殊法力的象徵，連菩薩、天王也常以鑲嵌的寶石表示他們的法力。

圖 3-14
佛禪定彩塑泥像，高 92 公分，敦煌莫高窟 259 窟。北魏，西元 386～532 年。眼睛微閉沉思，神情恬靜，雙手作禪定印。

圖 3-15
影青釉瓷佛陀坐像，高 17 公分。元，西元 1271～1368 年。

圖 3-13
佛坐石像，高 79 公分，山西省芮城縣博物館藏。唐，西元 618～907 年。

第五章

用心製作的佛陀雕刻：佛像龕

圖3-16 這一座造像石因為頂部作穹頂形，有如供奉佛像的石室或小閣，所以被稱為龕（ㄎㄢ）。這個龕在背面使用楷書體雕刻題記：「儀鳳三年（西元六七八年）三月廿一日，弟子給事郎行內謁者黃行基，敬造彌陀石像一龕，一佛二菩薩二聖僧二師子並供養具等，上為天皇天后，下為七代父母，所生父母，內外眷屬，及法界眾生等，普同此福」。

正面雕刻的是典型的大乘佛教的五尊，即佛陀在中央被成對的羅漢和菩薩所擁簇著。在尖穹頂的背景下，用浮雕的形式，釋迦牟尼盤腿坐在蓮臺上，右手作大無畏的手印。在祂右邊是年紀輕的阿難，左邊則是年紀高的迦葉。阿難的頭部在舊的照片上是有殘缺的，頭部的皺紋應

只求了結因果
仔細刻畫諸佛

圖 3-16
白大理石佛像龕，高 49.2 公分，現藏加拿大皇家安大略博物館。唐代，西元六七八年。

該是修補的工匠依據迦葉的像貌而誤加的。

最外邊的一對身軀如搖擺柳樹的是中國北派佛教的佛陀代表。在佛陀右邊是大勢至，而左邊手拿著聖水瓶的是觀音。這四位陪侍者全都站在由主莖延伸出來的蓮花臺上。佛陀的蓮臺下是一對側面蹲坐而舉前爪的小獅子。圓形或尖葉形的背光給素白的穹頂背景點綴些生氣。石龕的長方形底座上刻有十二個信士手拿著蓮花苞蕾，分別跪坐在薰爐兩旁的八張席子上。

佛教的根本思想為無常無我，否認性愛，提倡平等慈悲，禁止肉食。中國有可能在西漢時就已經接觸佛教文物。根據可靠文獻，東漢明帝永平十年（西元六七年），他因作夢的景象而派人往印度求法。佛教開始傳入當在東漢初年。

人們對於事物往往通過一己的經驗去了解。佛教和中國的黃老都是主張清虛無為，所以初始只在上層貴族間有些影響，以對待中國舊宗教的眼光來迎接這個外來的宗教。漢代是一個非常迷信神仙、方士等種種道術的時代，流行造奉祀祠以祈福永命，它雖然和佛教原來的思想很不相同，其賄賂鬼神的因果報應說甚至是相反的，但一件事情要能夠推行，就要和傳統的思想、習俗有所結合。因此佛教來到中國以後被說成是可以修煉成神，白日飛升，長生不滅。佛教的因果報應也被說成是有祭祀就有福佑，行善事就能長生。以致權貴者以其不義得來的財富布施，妄想得到善果。如四川出土的搖錢樹上常有佛陀的形象。

漢代少量的佛寺，主要為了滿足來中國的胡商的宗教信仰，法律尚不許中國人出家當和尚。佛教否定現實的人生，認為現時的歡樂苦痛是虛幻的，或起碼是暫時的，只有涅磐的精神世界才是永恆的快樂。所以有支派以女性出家修道可來世生為男子的信仰，可視為一種女性的解脫。東漢末年以來中國社會長期動亂，人們為災難所折磨，無法在現實世界得到快樂的窮苦

圖 3-17
彩繪貼金釋迦牟尼石造像，高 38.5 公分，寬 27 公分。南朝，西元五至六世紀。

圖 3-18
有彩繪痕跡的灰色大理石佛像碑座，高 142.2 公分。明代，西元十五世紀早期。

大眾，只有把擺脫痛苦的希望寄託在來生。與佛教教義相合，安於現況的麻痺思想有利於統治階層的管理，故得到政府的大力提倡，促成南北朝及隋唐時代佛教在中國的興盛，並傳播到日本，影響其國文化迄今。

圖 3-19
三尊菩薩木像，中央為觀音，兩旁可能為文殊與普賢。最高 195.6 公分。明代，西元十五世紀。

第章

觀音菩薩的性別之謎

圖3-20　這件木雕上身裸露胸部，頸部繞掛寶石瓔珞，下繫有短垂飾的長裙，赤足立於臺座上，兩手戴有臂釧與手環，這是菩薩的典型形象。菩薩是既能自覺而又能使他人覺悟的人物，祂們下凡來幫助人間，所以打扮成世俗喜好的華貴形象。菩薩數量多如恆河沙數，不借助伴隨的法器很難辨識出身分。這座像兩手殘缺，看不出所持的法物，但頭上的寶冠上裝飾有佛陀形象，阿彌陀佛是觀音菩薩的前輩，精神的導師。在菩薩中只有觀音具有此特徵，所以可以斷定雕像的身分是觀音菩薩。

木頭很難在一般的自然環境下保存，起伏不定的潮溼變化，加快腐朽的速度，儘管保護得

救苦救難萬眾景仰
觀音菩薩

圖 3-20
石膏粉塗、彩繪及鎏金觀音菩薩木雕，高 190.5 公分，加拿大皇家安大略博物館藏。金代，有明昌六年（西元 1195 年）的題記。

當，也難挨過千年以上的歲月。除非埋藏於地下，又處於穩定的理想條件，才有辦法超越此年限。圖3-20這件近乎二公尺高的大型木雕是使用桐木所雕，可能因為保養妥當，還保存得相當完善，至少已被油漆過四次以上。當購買者打算把木雕從中國內陸運往沿海口岸再轉運海外時，為了方便車子的運輸而把木雕鋸成兩半時，竟然發現此件身內藏著一塊題記，是在由身軀裡邊的裙子鋸下的木塊上書寫，然後又黏合回去的。題記寫著：「時明昌六年（西元一一九五年），南步沉村爨行者請到平陽府洪洞縣（今山西省南部）。賈顏記筆。」表明距今八百年前，此木雕已經完成了。文物擁有確切的製造年代與地點，可以利用為判斷其他作品年代與製造地的參考，其重要性不必多言。

觀音菩薩的名字，音譯印度梵文為阿縛盧枳低溼伐羅。阿縛盧枳低的意義是觀，溼伐羅是自在，意思是觀察一切眾生而自在地給予救援，或觀察一切佛法而無礙自在。較正確的譯名為觀自在菩薩，而文獻的稱號有聖觀音、觀世音、觀自在、光世音、觀世自在等多種。唐代為了避太宗李世民的諱，就略稱為觀音。

傳說觀音菩薩為恆河八十億沙所成，身具有眾美好的形象，與佛同樣頭頂肉髻，瓔珞中現出一切莊嚴事，十指端各發出八萬四千毫光，柔軟地普照世界，接引眾生，舉足自然足下有五

圖 3-21
石膏粉塗、彩繪及鎏金的沙石南海觀音像，高 113.7 公分。明代，西元十五世紀。

百億光明臺，下踏則有金剛摩尼花鋪滿一切。祂是阿彌陀佛的左脅侍，西方三聖之一。聲稱遇難的眾生只要誦念觀音的名號，菩薩立時觀其音聲，前往解救，傳說可以讓白骨復活的淨水瓶就是觀音菩薩的法器。要得到祂的解救既然這麼簡單，祂的法力又如此的宏大，所以信仰最為廣多，不但眾菩薩無有超過祂的，甚至連佛陀都有點不如。

不少人以為觀音菩薩是女性，或以為女相的觀音造像開始於南北朝而盛于唐代。但是各博物館所

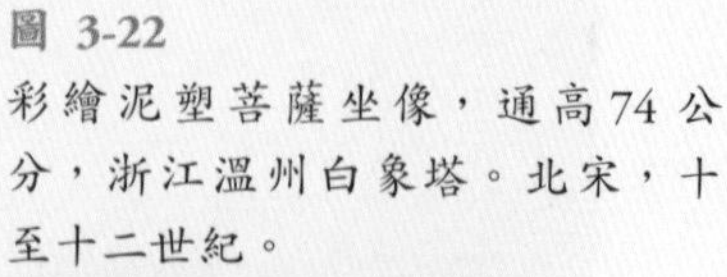

圖 3-22
彩繪泥塑菩薩坐像，通高 74 公分，浙江溫州白象塔。北宋，十至十二世紀。

圖 3-23
白石觀音菩薩坐像，高 73 公分，陝西省博物館藏。唐，西元 618～907 年。

藏，以及圖鑒所介紹的，明代以前幾乎都是男身。想來顯像性別的變化在明或清代。為了拯救人間的疾苦，觀音有時需要變身以方便行事，上自神佛、天王、宰官，下至男女庶民，共有三十三種不同的身分，所以或稱三十三觀音。最常見的是聖觀音，其次為十一面、千手、水月、如意輪等。

圖 3-25
觀音鎏金銅坐像，
高 53 公分。吳越，
西元 907～978 年。

圖 3-24
石雕觀音菩薩頭像，高 41 公分。四川省博物館藏。唐，西元 618～907 年。

圖 3-26
觀音鎏金銅立像，高 49 公分。宋，大理國，西元十至十三世紀。

第章

佛陀座下的兩大弟子：阿難與迦葉

圖3-27 這件雕像的人物剃光頭頂，身穿袈裟，很容易確定其身分為佛教界的和尚。以和尚形象而被禮拜的人物，絕大多數是佛陀的弟子以及羅漢，少數是後代的高僧。從雕像的尺寸之大，不難想像其身分很高，應該是非常有聲望的人物。此人年齡很輕，容貌端正，面如滿月，眼睛炯炯有神，在眾多的佛教人物中，有幾個人物可能符合這個形象，如把母親從地獄救出的佛陀十大弟子的目連，十八羅漢中深思好學的伐那婆斯，往天竺求經的三藏法師玄奘，或甚至後世弘道有功的和尚。根據一張舊照片，這件雕像本來與另一基座形制一樣而額上有皺紋的老

神氣安詳自若

阿難羅漢

圖 3-27
石膏粉彩繪大理石阿難羅漢立像，高 169.6 公分。唐代，西元八世紀中期。

和尚成雙配對，因此很容易把這兩件雕像確定為佛教造像中常見的佛陀身旁兩大弟子，左邊年老的迦葉與右邊年輕的阿難。

這位阿難體態豐腴，神氣安詳而自若地站立在雙層蓮花座上。裡面穿中國傳統式的交領右衽衣袍，下繫有褶長裙，外披長袈裟。不穿印度式袒右肩的法衣，表明此時已中國化甚久，估計是充滿自信的唐代盛世作品。兩手交互微微提起袈裟的下擺，造成高低有致的衣皺紋，增加神態的動感。雕工也嫻熟而細膩，是不可多得的傑作。

比照其他的佛雕，大理石的外表應該塗有一層白石膏粉，然後在其上彩繪比現在所見更為詳細的紋樣。因為風化的關係，大部分的彩繪都已經脫褪。保留較好的部分是上半身，有內外袍的紫黑色，紅腰帶以及綠色帶扣。從舊照片可以見到袈裟前後有補釘以及花卉紋的痕跡。想來此雕像原先是五彩斑爛，眩人眼目的。參照其他的石窟群，整組雕像的正中央是佛陀，兩旁是迦葉與阿難，兩旁再擁簇著或坐或立的菩薩。都安排在彩繪的背景以及頂龕之前。

阿難為阿難陀的簡稱，意思是歡喜或慶喜。祂是佛陀的堂弟，在十大弟子中最為年輕。阿難自幼聰明，記憶力強。在釋迦證道回鄉後，便隨之出家，常隨侍左右，直至釋迦涅槃逝世，達二十多年之久。阿難於釋迦生前並未能開悟而解脫，在佛陀入滅時因此而悲傷慟哭，轉向迦葉求教，發憤用功而終得開悟，修成阿羅漢果。

阿難因天生的智慧聰穎，對於佛陀的說法多能背誦，佛陀死後在王舍城舉行的第一次經典結集中，迦葉在眾和尚之前稱讚阿難，說祂所聞的佛法，如水灌注於器皿之中而無所遺漏，佛陀嘗稱讚祂為多聞第一。因為祂對於經法的流傳有極大的功績，中國的禪宗便奉祂為西天的第二世祖。

迦葉的全名是摩訶迦葉，意譯為飲光，或被稱大迦葉、迦葉波。

圖 3-28

彌勒說法圖，高 521.6 公分，元大德二年。彌勒佛兩旁的和尚即為迦葉與阿難。

他於佛陀成道後第三年成為弟子，八日後即印證進入阿羅漢的境地。祂為人清廉，深受佛陀的信賴，曾受到分讓座位的榮耀。於佛陀入滅後成為宣教團的統率者，一直到阿難成為法團的繼承者，才入雞足山入定，以待未來佛彌勒的出世。禪宗以其為佛弟子中最無執著之念者，特別尊敬為頭陀第一，為傳法的第一世祖。

圖 3-30
石膏粉塗、彩繪及鎏金木雕持國天王（東方的天王）像，高 118.1 公分。元代，西元十四世紀。

圖 3-29
白瓷羅漢坐像，高 27.5 公分，內蒙古自治區博物館藏。遼，西元 907～1125 年。

圖 3-31
不動明王白石造像，高 88 公分，陝西博物館藏。唐，西元618～907 年。

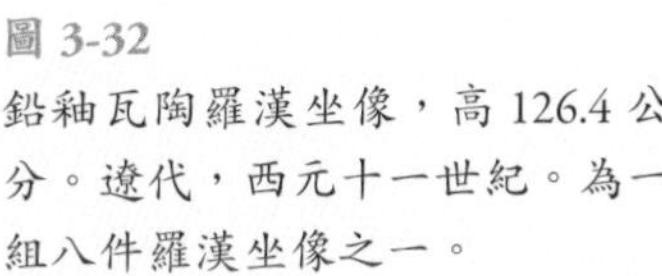

圖 3-32
鉛釉瓦陶羅漢坐像，高 126.4 公分。遼代，西元十一世紀。為一組八件羅漢坐像之一。

第八章

神佛之外，當有鬼神：甲骨文中的鬼

因為所含的鉛不利於健康，第八世紀盛唐時代，三彩鉛陶釉主要是製作墓葬明器的材料。安祿山之亂後，社會凋弊，不再盛葬，除了北方的窯場偶有燒造外，到了明代才又見興盛。除陶俑之外，還大量製作寺廟的展示物品，如琉璃瓦、雕像、香爐等。

圖3-33 這件雕像的人物，手臂與兩腿的肌肉糾結隆起，看起來相當強而有力。頭髮如火焰般的豎立，這是佛教金剛力

威嚴的閻羅

猙獰的面目

圖 3-33
閻羅王鉛釉陶，高 83.8 公分，皇家安大略博物館藏。
明代，「嘉靖二年」銘，西元 1523 年。

士常見的形象。方正的臉上，兩眉緊皺，雙眼圓瞪如牛鈴般圓而大，咬牙露齒，流滴著一道道綠色的汗水。頸脖粗短，胸膛的乳頭高突，緊握著雙拳，兩手腕與腳踝都帶著環釧，赤足作躍起之狀，表現憤怒而想要攻擊人的情態。這件大型的雕塑安放在一個平座上，顯然是意在威嚇的展示。在與寺廟有關的世界裡，很容易推測出這是地獄的總管，閻羅王的造型。

地獄的概念被認為是東漢時候隨著佛教徒及商賈而傳到中國來的。道教則在九至十世紀間根據晚唐沙門所撰的《十王經》，初步構築了地獄的景象。佛教是十八層地獄，道教則為十殿閻羅。閻羅王源自印度古代在毗舍離地方的一個王。他率領著一大群獸頭人身的鬼軍，拘提有罪的人到地獄裡來接受應有的處罰。

政府為了有效管理大眾，對於治下的人民，一方面懷柔安撫，一方面則威脅恐嚇。鬼神是人所創造的，反映的是人間的世界。所以聰明的人也就設計了鬼神的扮相和行為，一方面給予幸福的願景，一方面也威嚇之，以達到控制他人意志的目的。想像不能憑空，鬼的造形和行為就離不開人們的經驗和所見的形象。但為了達到恐嚇的效果，就得與正常人的形象有所差異才會發生作用。因此就根據某種異常特徵加以誇張，或以異胎取形，以致有了與正常人形象差別的二頭、三腳等各種扮相。

表現在商代的文字，**「鬼」字：**，作一個人戴有巨大面具的形象；**「異」字：**，作頭戴著面具而兩手上揚揮舞的鬼狀。未開化民族的面具，形狀大都恐怖驚人，異於常人。因為他們認為面容異常者必有精靈存在著，所以異字有奇異、驚異等意義。

越神祕的東西，越可以讓人起驚恐而達到震懾的目的。古人除了戴恐怖的面具外，還知道

圖 3-34
沙岩石獅子，長 37 公分。唐代，西元七世紀晚期至八世紀早期。早期印度的佛教已採取獅子作為佛陀神力的隱喻，敘述獅子吼可喚醒迷途的眾生。由於佛教以之作為護法及聖地的守衛者，獅子的形象也因之傳遍東亞。

圖 3-35
石雕蹲獅，高 25.3 公分，陝西省博物館藏。北周，西元 557～581 年。

在身上、或在衣服上塗磷使發光。意義為鬼衣的「**褮**」字：，甲骨文作衣服有多處火光的樣子。「**燐**」字：，則作一人身上光點閃爍的樣子。磷是質脆而軟的固體物質。它存在於骨骼中，埋葬後慢慢會滲到表面來，易於暴露於空氣而氧化，在黑暗處發出碧綠閃爍的光。暗黑的墳場最容易見到這種燐光，因為野獸常會把墳中的骨頭扒出來，暴露於空氣中。墓地燐火閃爍的事實，無疑會增加恐怖的聯想效果。因此有人把礦物的磷塗在衣物上，跳起舞來，碧綠的光點左右前後飄動，就會有墳場鬼影憧憧的氣氛。新葬的骨發不出燐光，只有多年的朽骨，其所包含的磷才會暴露而發光。所以在人們的心目中，無疑只有魔力更大的老精物才會發燐光。所以意義為老精怪的**「魅」字：**[古文字]，就作戴面具的鬼身上，又有閃閃的碧綠燐光的樣子。

鬼 guǐ ＝ 鬼

一個人戴有巨大面具的形象。

異 yì ＝ 異

頭戴著面具而兩手上揚揮舞的鬼狀。

褮 yīng ＝ 褮

鬼衣。甲骨文作衣服有多處火光的樣子。

粦 lín ＝ 粦

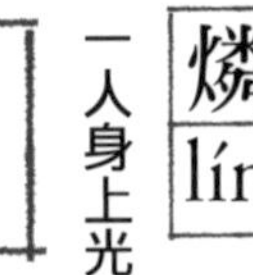

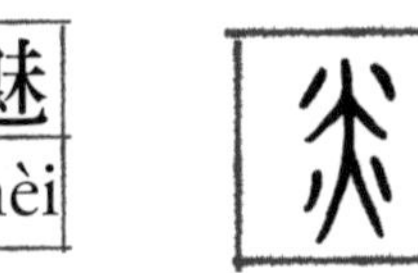

一人身上光點閃爍的樣子。

魅 mèi ＝ 魅

意義為老精怪，作戴面具的鬼身上，又有閃閃的碧綠粦光的樣子。

第九章

金銀打造，貴重無比的舍利寶函

圖3-36這件舍利容器是唐火化後的一組埋葬具。最外頭是一個重達三百二十七公斤的大理石函，裡頭如圖3-36所示，依序自右而左，以大套小，存放著鎏金銅匣、銀槨、金棺、玻璃舍利瓶。金、銀、玻璃在唐代都屬於貴重的材料，因此遺骸一定是屬於當代社會的高階層人士。

這一組埋葬具是為了玻璃瓶內所裝的舍利而設。舍利乃音譯自梵文，意為人身的骨頭。佛教人士因為長期坐息與特殊的飲食習慣，體內聚積多量石灰質，火化後比較容易燒結成堅硬的小結晶粒。因為晶粒小，所以又名為舍利子。這些堅硬的小塊，不容易被擊碎或再燒熔。僧眾比較常火化而燒出舍利子，所以以為那是得道高僧的光明見證。就像商代的占卜師，曉得把牛

高僧的歸處
舍利容器組

圖 3-36
唐代舍利容器一組，由右至左為鎏金銅匣、銀槨、金棺、玻璃舍利瓶。
銅匣長 12.3 公分，寬 12.3 公分，高 13.2 公分，重 590 公克。
銀槨長 8.4 公分，寬 8.4 公分，高 9.3 公分，重 350 公克。
金棺長 7.5 公分，寬 5.4 公分，高 6 公分，重 110 公克。
唐代，西元 618～907 年。

骨中的骨膠原去掉，很快就可以燒灼顯兆。而一般人不曉得處理骨頭，怎麼燒也顯不出兆紋來，所以覺得占卜師法力無邊。佛教的信徒們見到高齡的和尚才能燒出舍利子，就大為欽佩。而且供養僧眾，修建廟塔都被拿來宣揚為謀求來生安樂的手段，因此不惜花費，競為出資修建廟塔以表敬意，以積功德。《魏書．釋老志》就記述佛教徒的這種習俗，表明至少自三國時代起就可能有信徒這麼做了。

舍利本專指佛陀的神蹟，雖然

後來泛指眾佛教徒火化後的遺骸。但這一組埋葬器具所費不貲，想來非一般人家有能力負擔的，當然是信徒們集資為高僧所購置。

在金屬中，金與銀的儲存量稀少，富於光彩，不受空氣溫潮的影響，不容易氧化而腐蝕。外觀和賦性都與他種物質很不一樣，容易引起人們的注意。尤其是它們有以相當純的狀態存在於地表，而且易於加工，不必通過高熱熔煉才能取得，所以從很早開始，在很多社會就被視為貴金屬，以之打造裝飾物或作為交換的通貨。環地中海的古文明於距今五千五百年前就開始用了。

商代的青銅鑄造業已經非常發達，精美的程度不下於當時任何國家。當時的知識足以了解金、銀的優異性質而廣加利用。但是迄今只發掘到少量小件飾物以及包金箔的器物，銀器則根本沒有見過。

華北地區因為金、銀的儲藏量少才少見使用。春秋末期楚國積極參加中原的政治後，其豐富的金、銀儲藏才能供應各國日常的流通，除被選為大宗交易的通貨外，也出現大量的鎏金器物。戰國時代金、銀器的製造是歷史的第一次高峰，但其數量、種類和精美度都萬萬比不上唐代。唐代的製品還觸及日常生活的每個細節，不像以前的時代只及於奢侈品。器物製造的精美與國力的強盛、社會的安定和經濟的繁榮有絕對的關係。中國古代對外的貿易，從來沒有像唐代那麼興盛過。各色各樣的中、西亞人士，通過絲路來到中國貿易。也許是他們帶來大量的金、銀以交換中國的絲綢，使得金、銀在作為高價的通貨媒介以外，還有大量的剩餘，可以打造提高生活品味的各種用具。

圖 3-37
鎏金如來說法盝頂銀寶函，高 16.2 公分，重 1666 公克，陝西省法門寺博物館藏。唐，西元 618～907 年。

圖 3-38
捧真身銀菩薩，高 38.5 公分，重 1926 克，陝西省法門寺博物館藏。唐，西元 618～907 年。發願文共十一行六十五字：奉為睿文英武明德至仁大聖廣孝皇帝，敬造捧真身菩薩永為供奉。伏願聖壽萬春，聖枝萬葉，八荒來服，四海無波。咸通十二年十一月十四日皇帝延慶日記。

同場加映

肆、同場加映

㈠描「畫」圖樣學刺繡

㈡出土的起源故事絹畫，作用為何？

㈢國力強盛，熱愛金銀的大唐

第章 描「畫」圖樣學刺繡

古代楚國所管轄的湖南、湖北地區，由於環境潮溼，保存了一些紡織品。圖4-1這件殘片是出自有名的西漢馬王堆一號墓，雖然埋藏了二千多年，出土時仍鮮豔如新。材料是平紋地而用斜紋起花的綺絲織品。乘雲繡與信期繡、長壽繡都是漢代以渦漩線條為主要紋樣的刺繡類別。乘雲繡的花紋是由各種捲繞的弧線所構成，有如變化多端、繚繞翻騰的雲氣。雲氣繚繞的高山是仙人所居住的地方，在漢代具有成仙高壽的象徵，所以非常流行。這件在黃色的背景上，用黑、褐、棕、金絲四色套繡成為流利灑脫、不滯呆的流雲狀，展現出高度的技巧與水平。

創造衣制的作用 彰顯地位

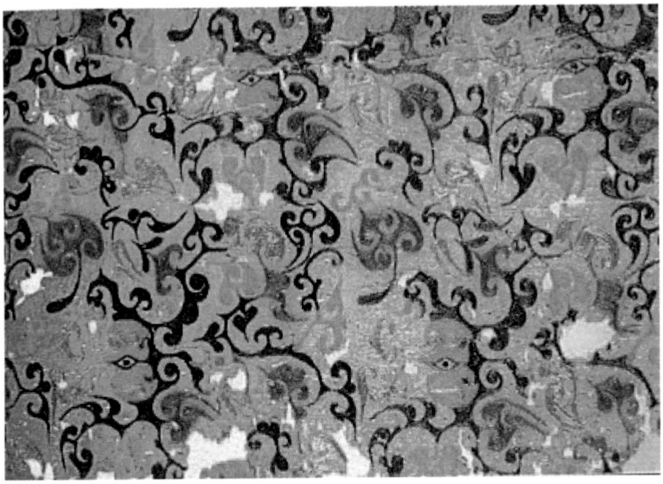

圖 4-1
黃綺地乘雲繡殘片，湖南長沙馬王堆一號墓，約西元前二世紀。湖南省博物館藏。

除非氣候條件極端，只要食物和水的來源不缺，人類能在地球的任何地區生活，因為人們曉得利用動物的皮毛，或植物的纖維來縫製衣服，以適應不同季節的氣候變化。遼寧海城一個四萬至二萬年前的遺址發現三根骨針，長度在六・六到七・七四公分，孔徑在〇・〇七到〇・二一公分之間。說明中國人很早就懂得使用針線縫製遮身的衣物了。

人類最初製作衣服的目的大半是為了禦寒。某些地方則可能起於偽裝捕獵的需要。在酷熱的地區，衣服甚至是一種累贅。但幾乎所有的早期社會，都有穿用衣物的習慣。農業發達的地區，少數個人積聚的財富比他人多，自然建立起身分的差異。衣服也就取得新的用處，用以標識日漸明顯的地位差別。當社會的結構擴大，衣服更跟著起了政治的作用。處處要表現高人一等的貴族階級，自然會想辦法對衣物加以修飾以歡悅視覺，分別等級。傳說黃帝首先創造衣制，大概就是這種作用。

在織機尚無法編織豔麗多彩的繁縟圖案前，使衣服變美麗的方法不外染色、塗繪、刺繡以及佩帶裝飾物。染色雖可使絲帛有繽紛的彩色，但不容易染成所希望的圖樣。用絲線刺繡及用顏料塗繪就可解決其難題。圖繪的顏料容易褪脫，但刺繡太費工，所以大都只在衣領、袖緣、衣緣、寬帶等處刺繡而已。衣緣所繡的圖案以幾何形為多，所以**甲骨文「黹」字**：，就作兩個己形圖案相背或鉤連的形狀。這些圖案是事先繡好或已紡織好的狹窄長條，以之縫邊可以防止布帛絲線綻散且又美觀。這些繡好的衣緣條是上級賞賜下屬，以誌榮慶及權威的東西，不是可以隨意使用的。《禮記・郊特牲》就說中衣有丹朱繡黼是中大夫的僭制。刺繡是衣制的重要內容，漢代文獻反映其價格比之織錦還要高貴。

繡花是利用不同顏色的絲線，在布上繡出美麗的圖樣。**金文的「肅」字**：，作一手拿著一支筆畫出複雜的圖樣形。描圖樣是刺繡的第一步工作。圖樣沒有打好，刺繡就難完美。刺繡

圖 4-3
綠地鴛鴦棲花紋錦，長 41 公分，寬 24 公分。唐，西元 618～905年。

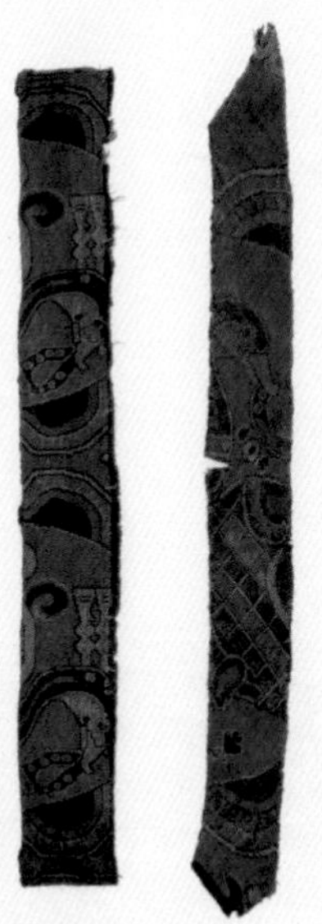

圖 4-2
波斯含綬鳥織錦，長寬 45 公分 x5.5 公分、48.5x4.8 公分。唐，西元 618～905 年。

時還要專心謹慎從事，所以引伸有肅敬、嚴肅等意義。商代雖然尚未見到肅字，但有**「畫」字：**，作手拿著筆，畫一個交叉的圖案形。只是所畫的圖案較肅字簡單而已。商代人物雕像的衣緣有幾何形的圖案，衣服上也有圖像花紋，應大都是刺繡而不是塗畫或編織出來的。

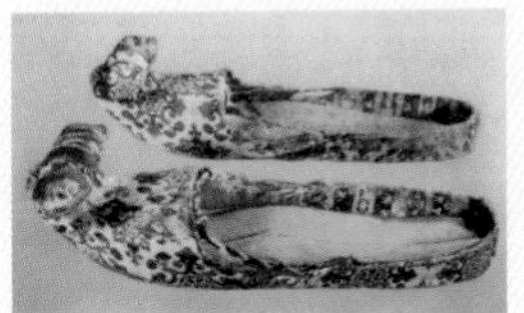

圖 4-4
雲頭錦鞋，長 29.7 公分。隋唐，約西元七至九世紀。

圖 4-5
清緙絲織金錦吉服蟒袍，長 146 公分。約西元 1680～1700 年。

圖 4-6
清刺繡織金錦婦女常服，長 138.5 公分。約西元 1890～1900 年。

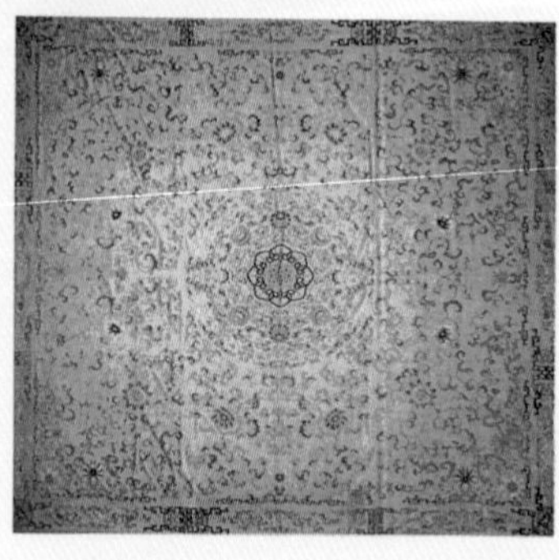

圖 4-7
清緙絲織金錦地毯，寬 392 公分。約西元 1830～1860 年。

黹 zhǐ ＝ 黹

兩個己形圖案相背或鉤連的形狀。

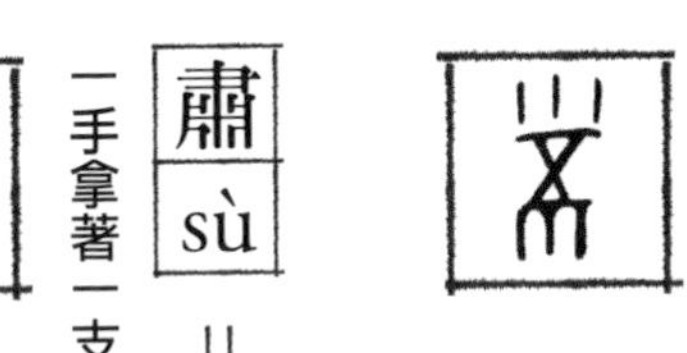

肅 sù ＝ 肅

一手拿著一支筆畫出複雜的圖樣形。

畫 huà ＝ 畫

手拿著筆，畫一個交叉的圖案形。

第二章

出土的起源故事絹畫，作用爲何？

圖 4-8 這幅絹畫上的兩位人物，右邊是男子，頭上結髮而戴袱頭，舉左手並持拿畫直線的矩；左邊是女子，頭梳髻，舉右手並持拿畫圓圈的規。男的左手與女的右手相搭在肩部。兩人上身都穿著寬袖短衣，但兩腰部相連而穿裙子，下體作蛇身而交尾，相互糾纏如絲束。頭上畫日，腳下畫月，四周並滿布星座。這兩個人是中國人的創生始祖，伏羲與女媧。祂們的作用是保護墓中的死者。

在漢代墓葬的畫像石中常見雕刻伏羲與女媧的形象，有時規與矩被替代成為日與月而高舉在手上，一般不出現星宿的圖像。也常見西王母、神山景物、執戟武士、車馬行列等的內容。

保護死者
伏羲與女媧圖像

圖 4-8
彩繪伏羲女媧絹畫，長 209 公分，寬 105～83 公分，新疆阿斯塔那出土。唐，西元 618～905 年。

畫像石上的圖案帶有保護死者魂魄、象徵生前威儀、希望來生繼續享用等意義。以伏羲與女媧圖像充當保護死者的觀念，不知何時傳到游牧民族的地區，並改變為絹畫的形式。新疆吐魯番地區從西元五、六世紀高昌期開始在墓室內陳放彩繪伏羲女媧絹畫，一直到唐代都有發現。

傳說伏羲和女媧是中國民族與婚姻制度的創造者。《古史考》記載：「伏羲制嫁娶，以儷皮為禮。」儷皮即一對鹿皮。《風俗通義》則記載繁殖人類的方法，說女媧治平洪水而天地剛開闢，尚沒有人民，女媧就捏黃土做人，由於沒有時間及耐性繼續塑造，於是把繩子放到泥中，一抖繩子，一滴滴小泥巴都變成人，所以也有了富貴與平庸人的分別。這個神話或許可以理解為人終不免一死，所以女媧創立婚姻，讓人們自己去繁衍後代。

臺灣南勢阿美族有創生神話，一對兄妹是日和月神的子孫。他們共同乘坐一個木臼逃避洪水災難而漂流至臺灣，卻發覺他們是人類僅存的兩人，為了讓種族能繼續繁衍，只好結為夫婦。但是他們有兄妹不許接觸腹部與胸部的禁忌，一直不敢發生夫婦的關係。有一次哥哥打到一隻鹿，就剝下鹿皮曬乾，並在上頭挖個洞。這樣一來，兄妹的身體就可以用鹿皮隔開，不破壞禁忌而達到交配繁殖的目的。所生的子女也分別成為許多部族的祖先。

臺灣的創生神話與漢族的伏羲、女媧的傳說有許多共同點。例如都與日月有所關聯、發生在洪水之後、主角都是兄妹兼夫婦、鹿皮是成就婚姻的重要媒介、都與蛇有關。阿美族故事的男主角在語音學上與伏羲屬同一個演化的範圍。兄妹遭遇洪水，通過各種巧合而繁殖人類的故事，屢見於中國各民族的傳說。其中以阿美族的傳說最接近事實，也合理解釋了鹿皮在婚禮中的作用。以鹿皮隔身體而不破壞禁忌，很符合草昧時代人們的心態。

中國的文明人對於古代社會發生過的事情，雖然有意加以隱瞞，但並不能去除一切與之有關的習俗。所以鹿皮與婚姻禮儀的關係，被模糊地保存到後代。只有在未完全開化的社會，比較不曉得文飾，因此以鹿皮隔離身體的真相才被保存下來。

圖 4-9
畫幡，長 205 公分，馬王堆一號墓。西元前二世紀。

圖 4-10
列女古賢故事畫屏風，每塊長約 80 公分，寬約 20 公分，厚約 2.5 公分，大同市博物館藏。北魏，約西元五至六世紀。

圖 4-11
墓道壁畫客使圖，唐，約西元七至九世紀。

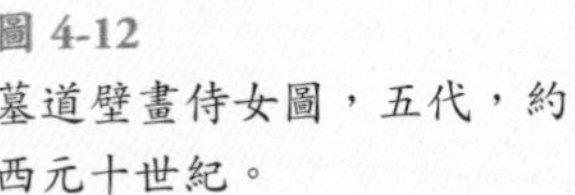

圖 4-12
墓道壁畫侍女圖，五代，約西元十世紀。

圖 4-13
壁畫演樂圖，遼，西元907～1125年。

第三章

國力強盛，熱愛金銀的大唐

這件六瓣形的圓盤是使用錘打的方式成形的。主題花紋中的熊，也是細心的從盤的背後敲打，使慢慢浮現出一隻仰首張口、壯碩雄偉的熊的軀體。打磨後再用鎏金的方式，將熊做成金黃的顏色。如此黃白輝映，花紋就倍覺突出耀眼。這是唐代常見的裝飾手法，少見於之前的時代。而且，以白銀為主要材料，普遍製作各類日常生活用品，在中國，也可以說是唐代所特有，以前只偶爾為之，它應該是有原因的。

在金屬中，金與銀的特質最為相似，儲量稀少，富有光彩，環地中海的一些古代文明，至少於六千年前就發現金、銀打造的飾物。中國對於這兩種貴金屬的認識和使用，依目前的資料

大量使用貴金屬鎏金銀盤

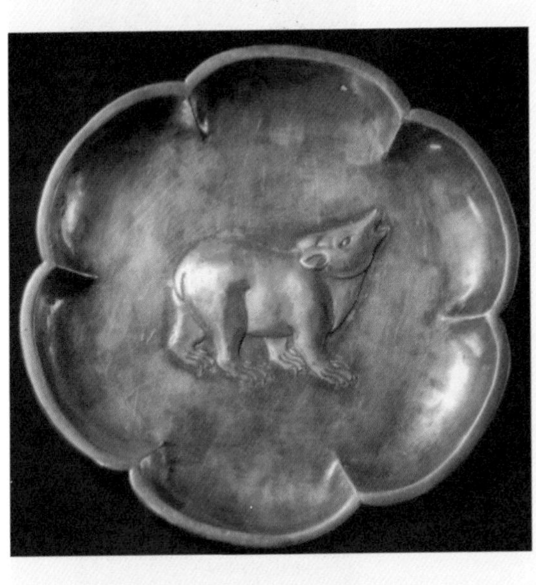

圖 4-14
鎏金熊紋六曲銀盤，高1公分，徑13.4，重140公克，陝西歷史博物館藏。唐，西元618～907年。

看，黃金的使用起碼遲一千年以上，白銀也同樣晚，而且更見稀少。商代的青銅鑄造業已非常發達，精美的程度不輸於西方，以當時的冶金知識，應可充分了解金銀優異的性質而廣加利用。可是，商代雖然已使用黃金製作小件器物，但其量和青銅器物比起來，還不到百萬分之一，銀子更見稀少，除了一件鑲嵌金、銀絲的傳世車軸飾，還不見有發掘出土的報告。這可能是因為中國境內沒有豐富的金銀儲藏，才使中國有異於其他文明，選

圖 4-16
蔓草鴛鴦紋銀羽觴，長 10.6 公分，寬 9.6 公分，高 3.2 公分。唐，西元 618～907 年。

圖 4-15
嵌鑲珠寶金項鍊，周長 43 公分，中國歷史博物館藏。隋，西元 581～618 年。內中鑲嵌的青金石原產於中亞阿富汗，而項鍊又極具波斯風格，因此一般認為它是由「絲綢之路」傳入中國的。

擇了玉作為財富與身分的象徵。

商、周時代用什麼稱呼金與銀，現在還不清楚。西周昭王時代的〈叔卣〉銘，提及賞賜白金，很可能就是指白銀。戰國時期就確實見到以白金指稱白銀的例子。春秋中期有出土銀製的空首布貨幣。一般從裝飾品演進到通貨需要相當久的時間，歐洲約經三千年的時間，才把金、銀發展成為貨幣。如果以同樣的進度看，似乎中國認識金、銀的時代比起歐洲晚不了太多。但就算到了戰國時代，已有好多件純金

圖 4-17
鎏金刻花銀鎖，長 12.2 公分。唐，西元 618～907 年。

圖 4-18
鎏金舞馬銜杯紋皮囊形銀壺，高 18.5 公分，陝西歷史博物館藏。唐，西元 618～907 年。壺底有墨書「十三兩半」，標明了它的重量是唐制十三兩半。

製作的器物，銀卻依然還是僅作為裝飾金屬器物的花紋，增加顏色的陪襯角色而已。銀的色澤亮白，最具反光效能。擦亮時，可反映百分之九十五的可見光線。它也容易加工，延展性僅次於金，歐洲老早就已用之打造鏡子。中國就是太少銀子，所以只利用青銅。

古印度以銀製作器物最為有名，行銷各國。中國自東漢接觸佛教，也開始接觸印度的文物，其中應該也有銀製的器物。南北朝時，接觸西亞的機會更多，它們也有很好的銀器。當時雖常見描述外國人生活的內容或紋飾，但是都沒有對中國金、銀器的使用產生影響。但一進入唐代，銀器竟然變得常見，必然另有原因。

唐代的帝王具有異族的血統，招攬很多鄰近的民族加強大唐的軍威。中國的絲綢風靡歐洲，很多商人為此而來。中國特地在長安城裡開闢西市，作為與外國人貿易的專區，引來大量的西亞與南亞人士從事商業活動。中國對於外國沒什麼必要的需求，而商賈跋涉沙漠，遠途而來，攜帶量輕價高交易品才合算。可能在這種情況下，引進了大量的白銀，因此才容許社會以貴重的白銀製作日用器具。盛唐之後，經濟受到破壞，對外的貿易也大受影響。銀子的來源不繼，只能作為貴金屬貨幣而無法大量製作日常器具了。

圖 4-19
舞伎紋八棱金杯，高 5.9 公分，重 300 公克。陝西歷史博物館藏。唐，西元 618～907 年。

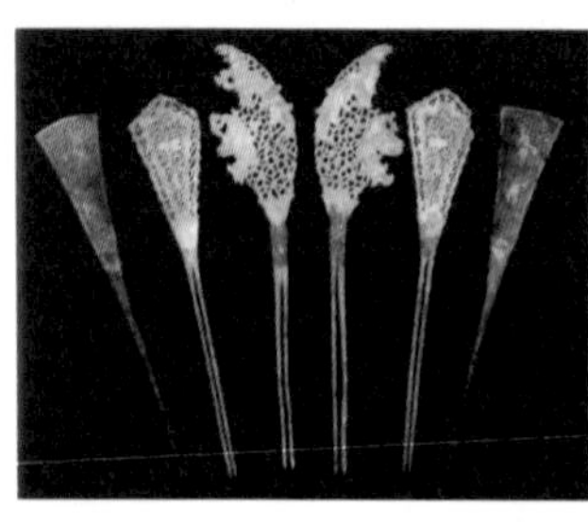

圖 4-20
鎏金銀簪與釵，長 33～29 公分。唐，西元 618～907 年。

圖 4-21
鎏金龜負論語玉燭銀酒籌，高 34.2 公分，長 24.6 公分，江蘇省鎮江市博物館藏。唐，西元 618～907 年。

圖 4-22
鎏金鑲珠展翅銀鳥，高 18.5 公分，重 125 公克，雲南省博物館藏。宋，西元 960～1279 年。

圖 4-23
鎏金銀冠，高 31.4 公分，內蒙古自治區文物研究所藏。遼，西元 947～1125 年。這件鎏金銀冠是遼景宗孫女的隨葬明器。

圖 4-24
舍利子金塔，高 11 公分，遼寧省文物考古研究所藏。遼，西元 907～1125 年。

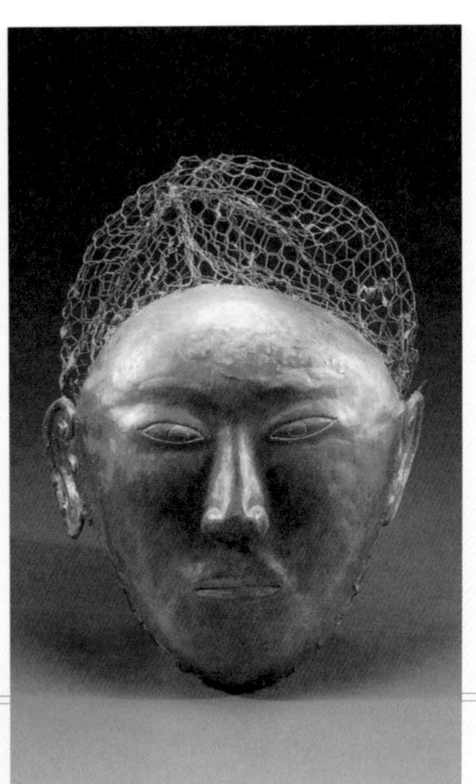

圖 4-25
金面具，高 21.7 公分，寬 18.8 公分，內蒙古自治區文物研究所藏。遼，西元 907～1125 年。遼代的契丹貴族為了保護死者的面容、身體不致腐朽，有用面具覆蓋死者的面容，以銀絲包裹尸身的風俗。普通的面具為銅質、鎏金銅或銀質，而這件面具則是以黃金製成，可見葬禮規格之高。

圖 4-26
十二龍九鳳冠，高 32 公分，明孝靖皇后，定陵出土。西元十六世紀。通高 48.5 公分。藍色的魚狗羽毛。

p.029
前視像。

p.030
舞隊陶俑，高 5 公分，山西長治出土。戰國，西元前 403 ～ 221 年，山西省博物館藏。製作樸拙，各有姿態。

p.031
灰陶將軍俑，高 196 公分，兵馬俑 2 號坑。秦，西元前 221 ～ 206 年。

隨時備戰的軍士：
輕裝士兵

p.025
白衣彩繪灰陶跽射軍士俑，高 122 公分，陝西臨潼秦始皇陵兵馬俑二號坑出土，現藏陝西省秦始皇兵馬俑博物館。秦，西元前 221 ～ 206 年。

宛如真人：
宮庭奴僕的塑像

p.029
彩繪灰陶跽坐俑，高 65 公分，陝西臨潼秦始皇陵陪葬坑，現藏陝西歷史博物館。秦代，西元前 221～206 年。

堅毅沉著地位崇高：
將軍俑

p.021
彩繪灰陶將軍俑，高 197 公分，兵馬俑二號坑，現藏陝西省秦始皇兵馬俑博物館。秦，西元前 221～206 年。

p041
鉛釉紅瓦陶騎馬射俑，高31.4 公分。漢，約西元前50 ～西元 50 年。

流行的休閒：六博遊戲

p.043
鉛釉陶六博遊戲俑，最高16.4 公分，加拿大皇家安大略博物館藏。東漢，約西元100 ～ 220 年。

p044
漢畫像石上的博局遊戲圖。

踏石留跡：汗血寶馬

p.035
赭衣灰陶馬俑，高 24.3 公分，加拿大皇家安大略博物館藏。西漢，西元前二至一世紀。

栩栩如生：指揮大軍的軍士

p.039
白衣彩繪灰陶舉手軍士俑，高 55 公分，陝西咸陽楊家灣出土，現藏咸陽市博物館。西漢，西元前 206 ～西元 25 年。

p.031
灰陶立射俑，高 186 公分，兵馬俑 2 號坑。秦，西元前221 ～ 206 年。

p.032
灰陶馬與牽夫俑，俑高 180公分，馬長 200 公分。秦，西元前 221 ～ 206 年。

p.033
灰陶，或加塗白土及彩繪的男女侍俑。最高 44.4 公分。西漢，西元前二世紀。

p.055
撫琴陶俑，高 36 公分。東漢，貴州省博物館藏。西元 25 ～西元 220 年。

豪奢的墓葬：精心雕琢的畫像磚

p.057
漢畫像石，長 103 公分，寬 48 ～ 55 公分，厚 18 公分，嘉祥縣文管所藏。東漢，西元 26 至 220 年。

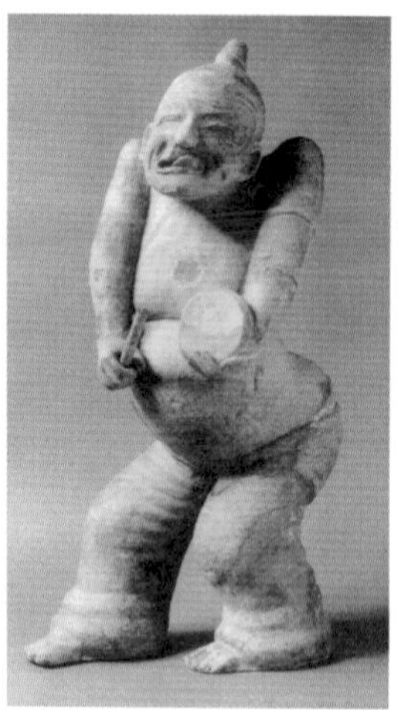

p.053
擊鼓俳優俑，高 66.5 公分，四川郫縣出土，四川省博物館藏。

p.054
白衣灰陶娛樂俑，最高 21.2 公分。東漢，西元一世紀中期至二世紀。

p.054
彩繪樂舞雜技陶俑，長 67 公分，寬 47.5 公分，中國歷史博物館藏。西漢，西元前 206 ～西元 25 年。

驚險刺激的表演：雜耍倒立

p.047
白衣彩繪三人倒立雜技陶俑，高 24 公分，河南省洛陽出土，現藏河南省洛陽文物工作隊。東漢，西元 25 ～西元 220 年。

誇張逗趣的表情：說唱俑

p.051
擊鼓說唱灰陶俑，高 56 公分，四川新都，現藏四川新都縣文物管理所。東漢，西元 25 ～西元 220 年。

與浮雲同高：塔樓建築

p.063
鉛綠釉紅陶塔樓，高 120 公分，現藏加拿大皇家安大略博物館。東漢，西元二世紀中期至三世紀早期。

p.061
彩繪畫像石，東方天神勾芒紋，陝西神木大保當漢代墓葬出土，東漢，西元一至三世紀。作用與空心瓦磚同。

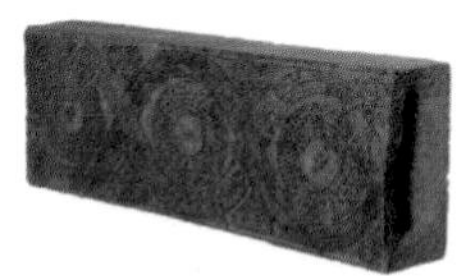

p.060
黑龍紋空心瓦磚，長 100 公分，寬 38 公分，厚 16.5 公分，秦一號宮殿出土，西元前 221 ～ 207 年。

p.061
壓印狩獵紋三角形空心灰陶墓磚，長 167 公分，西漢，西元前 206 ～西元 24 年。

p.061
雕塑羊頭壓印園圃紋屋簷形灰陶墓磚，高 60.5 公分，西漢，西元前 206 ～西元 24 年。常擺在兩件三角形之間作為中心柱。

帶到神靈世界使用：錢櫃

p.068
各式隨葬鉛綠釉紅陶日用模型俑：分別為灶爐、碓磨、豬圈。最高 16.5 公分，加拿大皇家安大略博物館藏。東漢，西元一世紀晚期至三世紀。

p.069
鉛綠釉陶錢櫃模型，高 18.9 公分，現藏加拿大皇家安大略博物館。東漢，約西元 100 ～ 220 年。

p.070
陶倉，高 43、44 公分，河南洛陽出土。西漢，西元前三至西元一世紀。有大豆萬石，大麥萬石等銘文，作為明器使用。

p.066
紅陶城堡房屋四面，高 28.2 公分，寬 39.5 公分，底 41.3 公分，廣州出土，中國歷史博物館藏。漢，西元前 221 ～西元 220 年。東漢時形制大致相似，牆面有漏孔的裝飾，反映南方建築特色。

p.065
綠釉陶樓，高 114 公分，山東高唐出土。東漢，西元一至三世紀。

格外豪華的座駕：
褐釉紅陶牛車

p.073
褐釉紅陶牛車俑，高 39.5 公分，長 45.8 公分，加拿大安大略博物館藏。北朝至隋代，約西元六世紀中期至七世紀早期。

p.074
陶牛，高 34.5 公分，長 36 公分，太原婁叡墓出土。北齊，西元 386 ～ 534 年。

p.075
白衣、加彩或上釉的瓦陶牛車俑。最高 39.5 公分。西晉至唐代，西元三世紀中期至七世紀中期。

p.071
綠釉瓦陶都樹俑，高 63 公分，河南省博物館藏。西漢，西元前 206 ～西元 25 年。據古代文獻，桃都山上有大樹，名曰桃都，枝相去三千里，上有一天雞，日初出，光彩照木。天雞則鳴，群雞皆隨之鳴。

p.071
陶船，高 16 公分，長 54 公分，廣州出土。東漢，西元一至西元三世紀。前有碇，後有舵，船上六人，依人身高比例換算，船長可達 14 ～ 15 公尺，載重約五百斛以上，甲板布置六組矛與盾。

p.070
灰陶猴俑，高 14.1 公分，陝西省西安市文物園林局藏。西漢，西元前 206 ～西元 25 年。

p.071
石田塘，長 81 公分，寬 48 公分，高 11 公分。東漢，西元一至三世紀。

p.081
彩繪貼金瓦陶文官俑，高 68.5 公分，鄭仁泰墓出土，唐，西元 618 ～ 907 年。陝西省昭陵博物館藏。

p.082
三彩釉白色陶外國騎士俑，高 43 公分。唐代，西元八世紀早期。在洛陽龍門一個於西元 709 年埋葬的安菩夫婦墓葬，發掘到一件與此件幾乎在尺寸、顏色、風格上一模一樣的陶俑。這件也傳言是得自洛陽。

p.080
高 72.5 公分，張士貴墓出土，陝西昭陵博物館藏。唐，西元 618 ～ 907 年。

p.080
高 72.5 公分，加拿大皇家安大略博物館藏。唐，西元 618 ～ 907 年。

大量翻造：武士陶俑

p.079
釉上貼金彩繪白陶武士俑，高 71.5 公分，鄭仁泰墓出土，陝西歷史博物館藏。唐，麟德元年（西元 664 年）。

玉鞍初跨柳腰柔：
馬球女騎俑

p.085
三彩鉛釉瓦陶馬球女騎俑，長 34.2 公分，加拿大皇家安大略博物館藏。唐，約西元 695 ～ 715 年。

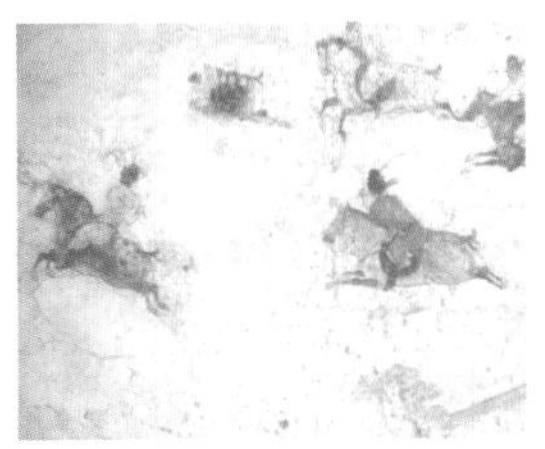

p.087
唐章懷太子墓馬球圖壁畫部分，完整畫面高 229 公分，寬 688 公分，約景雲二年（西元 711 年）。

p.087
馬球群俑，通高 30 ～ 33.5 公分，陝西西安出土。墓主死於如意元年（西元 692 年），時年才 16 歲。

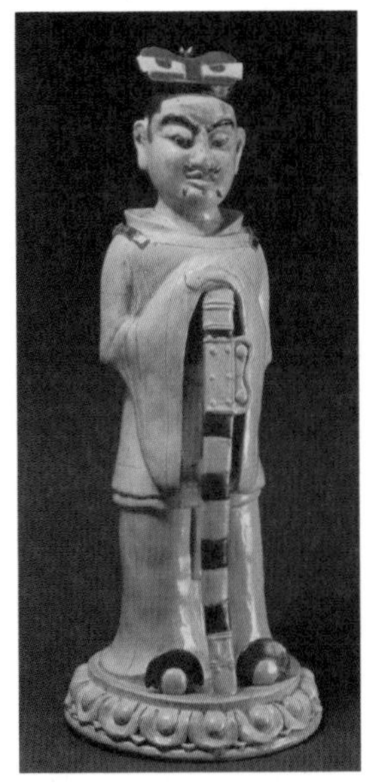

p.083
白釉黑彩侍吏俑，高 71 公分，隋，西元 581 ～ 618 年。河南省博物館藏。這是在白釉上最早裝飾黑彩的瓷器作品，為中國北方瓷器白釉黑彩裝飾開了先河。

p.083
三彩鎮墓獸，高 130.2 公分，唐，西元 618 ～ 907 年。甘肅省博物館藏。

p.082
胡人陶俑，高 26.2 公分，隋，西元 581 ～ 618 年。河南省博物館藏。

p.082
攜鷹犬的騎馬獵者俑，最高 33 公分。唐代，西元八世紀早期。

p.083
天王俑，三彩釉白陶，高 104.5 公分。唐代，西元八世紀早期。

p.092
三彩釉陶婦女俑，高 44.5 公分。唐，西元 618 ～ 907 年。陝西歷史博物館藏。

p.092
彩繪帷帽女騎陶俑，高 45 公分。唐，西元 618 ～ 905 年。

p.091
彩繪帷帽女騎陶俑，高 45 公分。唐，西元 618 ～ 905 年。

p.092
三彩釉白陶婦女俑，最高 42.8 公分。唐代，西元八世紀早期。

女性的解放：外出活動的婦女

p.089
彩繪釉陶婦女騎俑，高 37 公分，長 29 公分，陝西禮泉鄭仁泰墓出土，陝西歷史博物館藏。唐，約西元 664 年。

p.091
彩繪瓦陶女侍騎俑，最高 27.7 公分。唐，約西元 725 ～ 750 年。

造景逼真寫實：假山水池

p.101
三彩釉瓦陶假山水池，高 18 公分，陝西西安出土。唐，約西元 700 ～ 750 年。

p.103
房屋俑全景圖。

p.097
白衣彩繪或上釉瓦陶馬俑，最高 55.5 公分。北魏至唐代，（左）西元六世紀早期（右）西元七世紀（中）八世紀早期。

p.098
白陶馬，高 49 公分，長 46 公分。唐，西元 618 ～ 907 年。陝西省乾陵博物館藏。

p.098
藍釉陶驢，高 23.5 公分，長 26.5 公分。唐，西元 618 ～ 907 年。中國歷史博物館藏。唐代的藍釉俑很難得。

p.092
上釉的白色與乳黃色陶女樂師與舞師俑，最高 26.1 公分。唐代，西元七世紀後下。

特別的賞賜：三彩釉陶馬

p.095
三彩釉白陶馬與馬夫俑，最高 75.5 公分，藏加拿大皇家安大略博物館。唐代，西元八世紀早期。

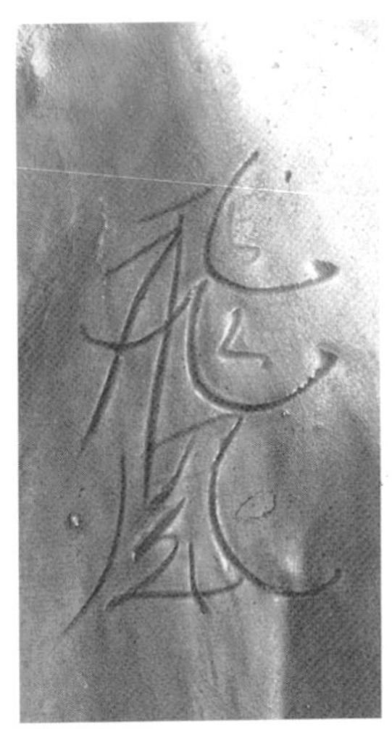

p.095
飛風。

圖錄

夜觀星象：天地星辰的想像

p118
朱繪二十八宿漆木衣箱，長 71 公分，寬 47 公分，高 40.5 公分，湖北隨縣出土，湖北博物館藏。戰國早期，西元前五至四世紀。

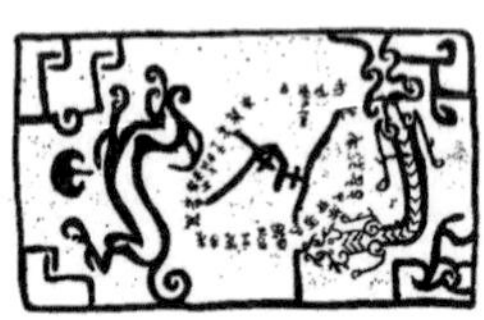

p118
圖 2-7 箱蓋圖案。

p120
黑、黃兩色彩繪漆木內棺，長 250 公分，寬 125 ～ 127 公分。戰國，西元前五至三世紀。

士無故不撤琴瑟：弦樂定音

p.123
雕刻漆繪木瑟，長 167.3 公分，首寬 42.2 公分，尾寬 38.5 公分，中高 13.7 公分，湖北省博物館藏。戰國，西元前 403 ～ 221 年。

p.114
雲紋漆繪木案與杯盤，案長 60.2 公分，西漢早期，約西元前二世紀。馬王堆出土。

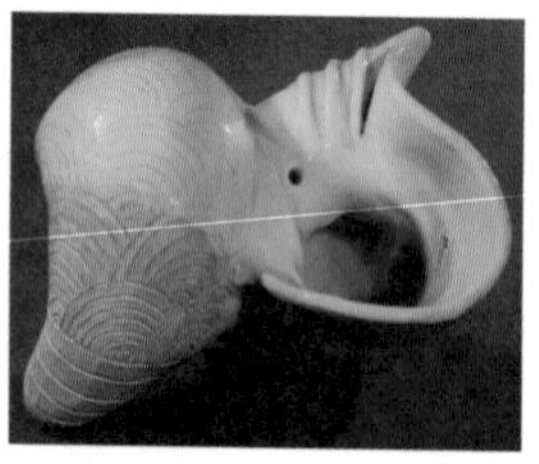

p.116
定窯畫花水波紋白釉瓷海螺，高 19.8 公分。北宋，西元 960 ～ 1127 年。

p.116
海螺可能是耳杯取形的源頭。

精緻細膩的分工：金漆奩

p.109
銀扣彩繪雲氣描金漆奩，奩高 23.8 公分，直徑 15 公分，安徽天長出土。西漢，約西元前 200 ～ 100 年。

p.110
土泥胎漆妝奩及盒，最大徑 16.2 公分。西漢，約西元前 200 ～ 100 年。上有銅條加固。

丹朱塗壁漆萬華：羽觴耳杯

p.113
漆耳杯與盒，長 18.5 公分，寬 15.7 公分，高 10.7 公分，湖南長沙馬王堆出土。西漢，約西元前 200～100 年。

p.130
漆繪木雕梅花鹿，高 77 公分，湖北隨州曾侯乙墓。戰國早期，西元前五至四世紀。

p.131
彩繪龍雲紋單頭鎮墓獸，高（未計鹿角）17.5 公分，江陵雨台山 6 號墓出土。戰國，西元前 403 ～ 221 年。

前進的信號：擊鳴鼓

p.129
彩繪漆木虎座鳥架懸鼓，通高 86 公分，鼓徑 38.4 公分，湖北省江陵縣博物館藏。戰國，西元前 403 ～ 221 年。

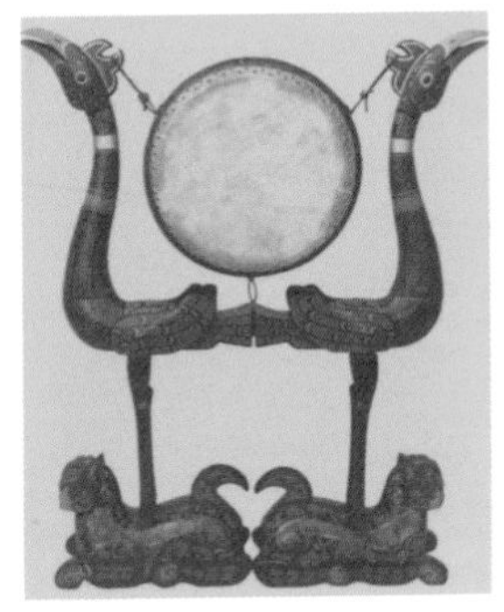

p.129
虎座鳥架懸鼓漆繪復原。

p.130
鹿角及漆繪木鎮墓獸，高 96 公分。東周，楚，約西元前 500 ～ 300 年。

p.125
錦瑟巫師戲蛇紋殘片，殘長 11.5 公分，殘寬 7.2 公分，河南省文物考古研究所藏。戰國，西元前 403 ～ 221 年，木胎，瑟首部分巫師頭戴鳥形冠，張口做咆哮狀，似鳥爪的雙手各持一蛇，其前後各有一急奔的細腰女人。

p.126
十弦琴，長 67 公分，寬 19 公分，高 11.4 公分，湖北省博物館藏。戰國，西元前 403 ～ 221 年，木胎，由琴身和活動底板構成，琴身分音箱及尾板兩部分，首端有十個弦孔。

p.140
圈棱紋青黃釉陶壺，高 14 公分，重 0.6 公斤，安徽屯溪出土。西周，西元前十一至八世紀。燒成溫度不高，質鬆軟，釉彩不均勻。

p.141
早期高溫釉陶：（右）草灰釉硬陶罐，（左）青瓷硬陶虎子（尿壺）。最高 40.7 公分。漢晉時代，西元前一世紀至西元四世紀前半。

從草灰中發現的輝煌：原始瓷器

p.139
黃綠釉壓印蓆紋陶尊，高 27 公分，口徑 27 公分，鄭州出土。商中期，西元前 1500 ～ 1400 年。

p.140
高 10.5 公分，安徽出土。安徽省博物館藏。西周中後期，西元前 950 ～ 771 年。胎質為高嶺土。圈足地方不施釉彩，器內卻全面施釉。

來自南方的珍貴商品：印紋陶

p.135
勾連雲雷紋硬陶獸耳瓿，高 12.9 公分，口徑 7.9，江蘇無錫出土。西周，西元前十一至八世紀。

p.137
幾何印紋灰陶罐，高 9 公分，口徑 11.5 公分，江蘇青浦出土。春秋，約西元前六至五世紀。

p.137
灰褐色夾砂雙耳陶罐，高 12.9 公分，口徑 6.6 公分，底徑 6.2 公分，雲南德納出土。春秋時代，西元前八至五世紀。

死後的去處：魂罐

p.149
青釉瓦陶樓闕人物罐，高 46.6 公分，浙江紹興出土，浙江省博物館藏。西晉，西元 265 ～ 316 年。

p.151
青釉銜環雙繫罐，高 23.8 公分，口徑 21.4 公分，底徑 13.7 公分。西晉，西元 265 ～ 316 年。

p.151
青釉雞籠，高 5 公分，長 9 公分，寬 6.5 公分。西晉，西元 265 ～ 316 年。

p.146
青褐釉原始瓷尊，高 28 公分，口徑 27 公分，鄭州出土，商中期，西元前十六至十四世紀，鄭州市博物館藏。

p.147
青綠釉壓印蓆紋陶尊，高 11.5 公分，口徑 18.3 公分，鄭州出土。商中期，西元前 1500 ～ 1400 年。部分有釉彩。

寄託人們的快樂希望：祥瑞溫酒樽

p.144
黃釉陶尊，通高 22.2 公分，口徑 18.3 公分，內蒙包頭出土，包頭市文物管理所藏。東漢，西元 26 ～ 220 年。

p.144
浮雕祥瑞禽獸紋鎏金銅酒樽，高 25 公分，口徑 23 公分，山西右玉出土，山西省博物館藏。西漢，西元前 206 ～ 24 年。

p.146
釉陶尊，高 14.5 公分，鄭州出土，商晚，西元前 1400 ～ 1100 年。

圖錄

p.154
帶蓋青綠釉陶壺，高 40 公分。太原婁叡墓出土，北齊，西元 550 ～ 577 年。

p.154
青釉堆砌六繫尊，高 67 公分，口徑 19 公分，足徑 20 公分。北齊，西元 550 ～ 577 年。

p.155
貼花裝飾的透明釉硬陶，最高 37.7 公分。唐代，西元七世紀。

p.153
越窯線刻青瓷熊形器座，高 7.8 公分。西晉，西元 265 ～ 316 年。

p.153
長沙窯褐彩人物貼花壺，高 16.3 公分，腹徑 13 公分，湖南省博物館藏。唐，約西元 700 ～ 900 年。

p.153
青釉下刻花綠彩四繫罐，高 23.5 公分，河南省博物館藏。北齊，西元 550 ～ 577 年。

p.152
青釉瓦陶鷹形雙耳壺，高 17 公分，江蘇省南京市博物館藏。西晉，西元 265 ～ 316 年。

p.152
青釉瓦陶神獸尊，高 27.9 公分。西晉，西元 265 ～ 316 年。

p.152
青釉羊頭雙繫柄壺，高 23.8 公分，口徑 21.4 公分，底徑 13.7 公分。東晉，西元 317 ～ 420 年。褐彩的氧化鐵沒有完全還原，顯現黑褐色斑。羊眼加上褐斑，增加形象的活力。一般多見雞頭，少見羊頭。

奉獻錢財儲積功德：佛教造像碑

p.165
灰沙岩佛教造像碑（離城大碑），高 224.8 公分，現藏加拿大皇家安大略博物館。北魏，西元 523 年。

p.167
佛陀及菩薩造像石，高 62.6 公分，長 47 公分。隋，西元 589 ～ 618 年。

p.159
長沙窯青釉褐斑貼花壺，高 22.5 公分，口徑 10 公分。唐，西元 618 ～ 907 年。

p.160
長沙窯白釉下彩繪綠花瓷枕，高 9.5 公分，長 16.5 公分，寬 10 公分。唐，西元 618 ～ 907 年。

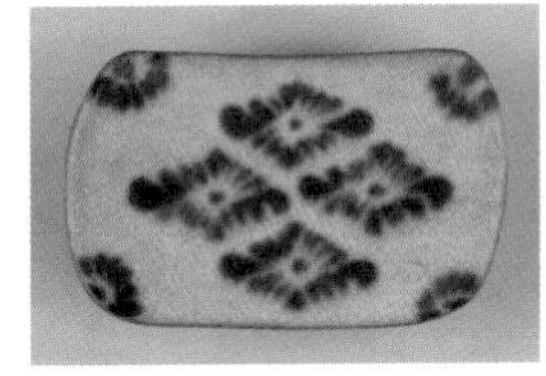

p.161
圖 2-45 長沙窯白釉下彩繪綠花瓷枕枕面。

信仰的融合：神道與佛道兼具的骨灰罐

p.157
青釉下鐵繪褐彩羽人紋雙耳瓦陶蓋壺，高 32.1 公分，口徑 12.6 公分，腹徑 31.2 公分，底徑 13.6 公分，南京市博物館藏。三國吳，西元 222 ～ 280 年。

p.159
長沙窯釉下彩花鳥壺，高 22.7 公分，口徑 11 公分。唐，西元 618 ～ 907 年。

圖錄

p.177
北齊彩繪石雕立佛，高 97 公分，山東青州龍興寺。西元六世紀。

p.172
浮雕彩繪槨座，魚國人，內容有關祆教禮儀。

膜拜祈福雕刻塑像：心靈的安慰

p.175
彩繪大理石阿彌陀佛立像，高 268.6 公分，現藏加拿大皇家安大略博物館。隋朝，可能於西元 587 年雕刻。

永久安眠的地方：承棺石屏

p.169
貼金浮雕彩繪石屏，長 228 公分，寬 103 公分，高 117 公分，陝西西安出土。大象元年，西元 579 年。

p.171
湖北江陵九店東周墓，槨內木棺的側面與正面。

p.171
貼金浮雕彩繪石屏，左側，長 93 公分，高 68 公分，厚 8 公分，三幅以榫卯相接，有車馬出行、狩獵、野宴圖。西元 579 年。

p.172
承棺架。石灰石，長 210.2 公分。北齊，西元 550 ～ 577 年。

p.183
佛禪定彩塑泥像，高 92 公分，敦煌莫高窟 259 窟。北魏，西元 386 ～ 532 年。眼睛微閉沉思，神情恬靜，雙手作禪定印。

p.183
影青釉瓷佛陀坐像，高 17 公分。元，西元 1271 ～ 1368 年。

p.182
鎏金青銅十一面觀音（左）和釋迦牟尼（右）立像。連座最高 23.6 公分。唐代，西元八世紀。

p.183
佛坐石像，高 79 公分，山西省芮城縣博物館藏。唐，西元 618 ～ 907 年。

髮型演變的過程：
阿彌陀佛石頭像

p.179
阿彌陀佛石膏粉彩繪石灰石頭像，高 42.5 公分，加拿大皇家安大略博物館藏。唐代，西元七世紀晚期至八世紀早期。

p.181
灰石佛陀頭像，高 61 公分，加拿大皇家安大略博物館藏。明代，西元十五至十六世紀。

圖錄

救苦救難萬眾景仰：觀音菩薩

p.189
石膏粉塗、彩繪及鎏金觀音菩薩木雕，高 190.5 公分，加拿大皇家安大略博物館藏。金代，有明昌六年（西元 1195 年）的題記。

p.187
有彩繪痕跡的灰色大理石佛像碑座，高 142.2 公分。明代，西元十五世紀早期。

p.187
三尊菩薩木像，中央為觀音，兩旁可能為文殊與普賢。最高 195.6 公分。明代，西元十五世紀。

仔細刻畫諸佛：只求了結因果

p.185
白大理石佛像龕，高 49.2 公分，現藏加拿大皇家安大略博物館。唐代，西元六七八年。

p.187
彩繪貼金釋迦牟尼石造像，高 38.5 公分，寬 27 公分。南朝，西元五至六世紀。

p.193
觀音鎏金銅坐像，高 53 公分。吳越，西元 907 ～ 978 年。

p.193
觀音鎏金銅立像，高 49 公分。宋，大理國，西元十至十三世紀。

p.192
白石觀音菩薩坐像，高 73 公分，陝西省博物館藏。唐，西元 618 ～ 907 年。

p.193
石雕觀音菩薩頭像，高 41 公分。四川省博物館藏。唐，西元 618 ～ 907 年。

p.191
石膏粉塗、彩繪及鎏金的沙石南海觀音像，高 113.7 公分。明代，西元十五世紀。

p.192
彩繪泥塑菩薩坐像，通高 74 公分，浙江溫州白象塔。北宋，十至十二世紀。

p.199
不動明王白石造像，高 88 公分，陝西博物館藏。唐，西元 618 ～ 907 年。

p.199
鉛釉瓦陶羅漢坐像，高 126.4 公分。遼代，西元十一世紀。為一組八件羅漢坐像之一。

p.198
白瓷羅漢坐像，高 27.5 公分，內蒙古自治區博物館藏。遼，西元 907 ～ 1125 年。

p.198
石膏粉塗、彩繪及鎏金木雕持國天王（東方的天王）像，高 118.1 公分，元代，西元十四世紀。

神氣安祥自詳：阿難羅漢

p.195
石膏粉彩繪大理石阿難羅漢立像，高 169.6 公分。唐代，西元八世紀中期。

p.197
彌勒說法圖，高 521.6 公分，元大德二年。彌勒佛兩旁的和尚即為迦葉與阿難。

p.209
鎏金如來說法盝頂銀寶函，高 16.2 公分，重 1666 公克，陝西省法門寺博物館藏。唐，西元 618 ～ 907 年。

p.209
捧真身銀菩薩，高 38.5 公分，重 1926 克，陝西省法門寺博物館藏。唐，西元 618 ～ 907 年。發願文共十一行六十五字：奉為睿文英武明德至仁大聖廣孝皇帝，敬造捧真身菩薩永為供奉。伏願聖壽萬春，聖枝萬葉，八荒來服，四海無波。咸通十二年十一月十四日皇帝延慶日記。

p.203
石雕蹲獅，高 25.3 公分，陝西省博物館藏。北周，西元 557 ～ 581 年。

高僧的歸處：舍利容器組

p.207
唐代舍利容器一組，由右至左為鎏金銅匣、銀槨、金棺、玻璃舍利瓶。
銅匣長 12.3 公分，寬 12.3 公分，高 13.2 公分，重 590 公克。
銀槨長 8.4 公分，寬 8.4 公分，高 9.3 公分，重 350 公克。
金棺長 7.5 公分，寬 5.4 公分，高 6 公分，重 110 公克。
唐代，西元 618 ～ 907 年。

猙獰的面目：威嚴的閻羅

p.201
閻羅王鉛釉陶，高 83.8 公分，皇家安大略博物館藏。明代，「嘉靖二年」銘，西元 1523 年。

p.203
沙岩石獅子，長 37 公分。唐代，西元七世紀晚期至八世紀早期。早期印度的佛教已採取獅子作為佛陀神力的隱喻，敘述獅子吼可喚醒迷途的眾生。由於佛教以之作為護法及聖地的守衛者，獅子的形象也因之傳遍東亞。

圖錄

保護死者：伏羲與女媧圖像

p.219
彩繪伏羲女媧絹畫，長 209 公分，寬 105 ～ 83 公分，新疆阿斯塔那出土。唐，西元 618 ～ 905 年。

p.221
畫幡，長 205 公分，馬王堆一號墓。西元前二世紀。

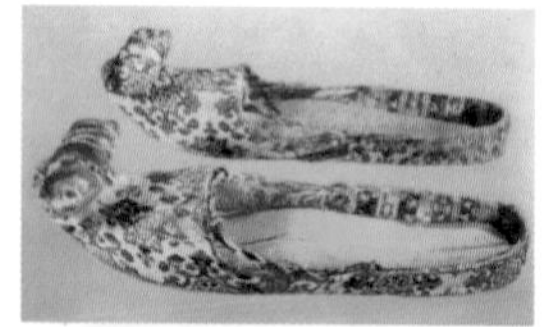

p.215
雲頭錦鞋，長 29.7 公分。隋唐，約西元七至九世紀。

p.216
清緙絲織金錦吉服蟒袍，長 146 公分。約西元 1680 ～ 1700 年。

p.216
清刺繡織金錦婦女常服，長 138.5 公分。約西元 1890 ～ 1900 年。

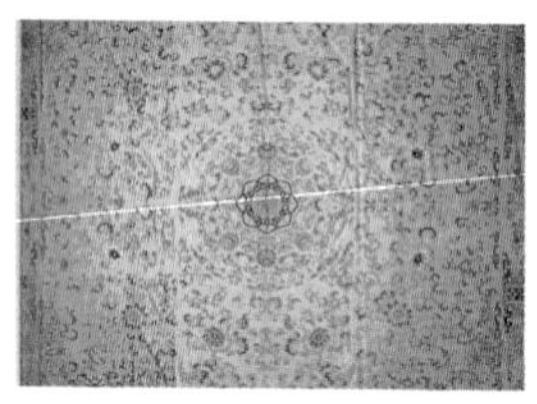

p.216
清緙絲織金錦地毯，寬 392 公分。約西元 1830 ～ 1860 年。

創造衣制的作用：彰顯地位

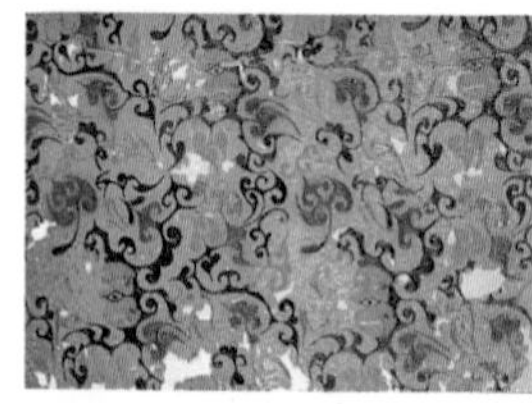

p.213
黃綺地乘雲繡殘片，湖南長沙馬王堆一號墓，約西元前二世紀。湖南省博物館藏。

p.215
波斯含綬鳥織錦，長寬 45 公分 x5.5 公分、48.5x4.8 公分。唐，西元 618 ～ 905 年。

p.215
綠地鴛鴦棲花紋錦，長 41 公分，寬 24 公分。唐，西元 618 ～ 905 年。

p.226
嵌鑲珠寶金項鍊，周長 43 公分，中國歷史博物館藏。隋，西元 581 ～ 618 年。內中鑲嵌的青金石原產於中亞阿富汗，而項鍊又極具波斯風格，因此一般認為它是由「絲綢之路」傳入中國的。

p.226
蔓草鴛鴦紋銀羽觴，長 10.6 公分，寬 9.6 公分，高 3.2 公分。唐，西元 618 ～ 907 年。

p.223
墓道壁畫侍女圖，五代，約西元十世紀。

p.223
壁畫演樂圖，遼，西元 907 ～ 1125 年。

大量使用貴金屬：鎏金銀盤

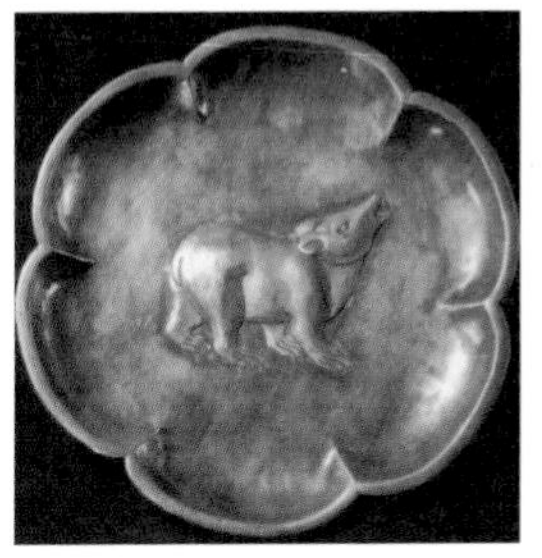

p.225
鎏金熊紋六曲銀盤，高 1 公分，徑 13.4，重 140 公克，唐，西元 618 ～ 907 年。陝西歷史博物館藏。

p.222
列女古賢故事畫屏風，每塊長約 80 公分，寬約 20 公分，厚約 2.5 公分。北魏，約西元五至六世紀。大同市博物館藏。

p.222
墓道壁畫客使圖，唐，約西元七至九世紀。

p.229
鎏金龜負論語玉燭銀酒籌，高 34.2 公分，長 24.6。江蘇省鎮江市博物館藏。唐，西元 618 ～ 907 年。

p.230
鎏金銀冠，高 31.4 公分，內蒙古自治區文物研究所藏。遼，西元 947 ～ 1125 年。這件鎏金銀冠是遼景宗孫女的隨葬明器。

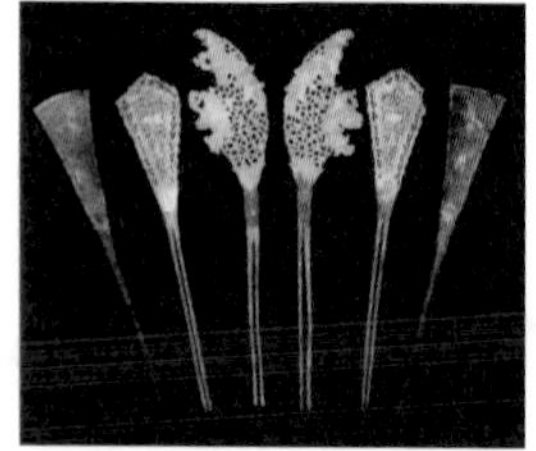

p.228
鎏金銀簪與釵，長 33 ～ 29 公分。唐，西元 618 ～ 907 年。

p.229
鎏金鑲珠展翅銀鳥，高 18.5 公分，重 125 公克，宋，西元 960 ～ 1279 年。雲南省博物館藏。

p.227
鎏金刻花銀鎖，長 12.2 公分。唐，西元 618 ～ 907 年。

p.227
鎏金舞馬銜杯紋皮囊形銀壺，高 18.5 公分，陝西歷史博物館藏。唐，西元 618 ～ 907 年。壺底有墨書「十三兩半」，標明了它的重量是唐制十三兩半。

p.228
舞伎紋八棱金杯，高 5.9 公分，重 300 公克。陝西歷史博物館藏。唐，西元 618 ～ 907 年。

p.231
十二龍九鳳冠，高 32 公分，明孝靖皇后，定陵出土。西元十六世紀。通高 48.5 公分。藍色的魚狗羽毛。

p.230
舍利子金塔，高 11 公分，遼寧省文物考古研究所藏。遼，西元 907 ～ 1125 年。

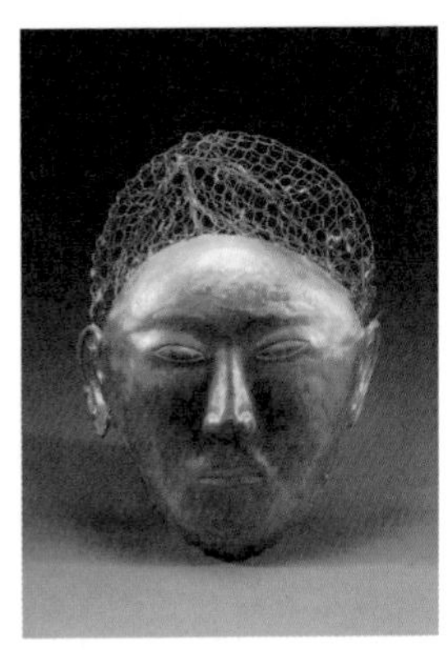

p.231
金面具，高 21.7 公分，寬 18.8 公分，內蒙古自治區文物研究所藏。遼，西元 907 ～ 1125 年。遼代的契丹貴族為了保護死者的面容、身體不致腐朽，有用面具覆蓋死者的面容，以銀絲包裹尸身的風俗。普通的面具為銅質、鎏金銅或銀質，而這件面具則是以黃金製成，可見葬禮規格之高。

國家圖書館出版品預行編目（CIP）資料

返來長安過一天：漢字與文物的故事 / 許進雄著 .
-- 初版 . -- 新北市 : 臺灣商務 , 2018.12
面；　公分
ISBN 978-957-05-3181-7(平裝)

1. 甲骨文 2. 古文字學

792.2　　107019436

OPEN 2

返來長安過一天：漢字與文物的故事

作　　者—許進雄
發 行 人—王春申
總 編 輯—李進文
編輯指導—林明昌
主　　編—王育涵
責任編輯—徐孟如
封面設計—高茲琳
美術設計—萬亞雰、菩薩蠻
業務經理—陳英哲
行銷企劃—葉宜如
出版發行—臺灣商務印書館股份有限公司
23141 新北市新店區民權路 108-3 號 5 樓（同門市地址）
電話◎ (02)8667-3712　傳真◎ (02)8667-3709
讀者服務專線◎ 0800056196
郵撥◎ 0000165-1
E-mail ◎ ecptw@cptw.com.tw
網路書店網址◎ www.cptw.com.tw
Facebook ◎ facebook.com.tw/ecptw

局版北市業字第 993 號
一版一刷：2018 年 12 月
印刷：沈氏藝術印刷股份有限公司
定價：新台幣 390 元
法律顧問—何一芃律師事務所